PRENTICE HALL

Realidades ③

Practice Workbook
with Writing, Audio
& Video Activities

PEARSON

Prentice
Hall

Boston, Massachusetts
Upper Saddle River, New Jersey

20 21 22   V001   15 14 13 12

ISBN 0-13-116465-1

Practice Workbook

Entre amigos

Todos los días haces cosas diferentes. Responde las preguntas de tu amigo usando las ilustraciones.

Modelo

— ¿Qué traes?

— *Traigo unos libros.*

1.

—¿Qué tienes que escribir?

_____

2.

—¿Cuándo desayunas?

_____

3.

—¿Qué oyes?

_____

4.

—¿Adónde vas?

_____

5.

—¿Qué pones en la mochila?

_____

6.

—¿A qué hora sales de casa?

_____

7.

—¿Qué desayunas?

_____

8.

—¿Qué eres?

_____

Realidades 3

Para empezar

Tu vida diaria

Nombre _____

Hora _____

Fecha _____

Practice Workbook **P-2**

¿Qué quieres (o no quieres) hacer?

A veces la gente quiere hacer cosas, y a veces no quiere hacerlas. Di lo que estas personas quieren o no quieren hacer, utilizando los elementos que aparecen entre paréntesis.

Modelo   ¿Lavo el coche? (querer / mañana)
Quiero lavar el coche mañana.
_____

1. ¿Juegas al fútbol? (querer / por la tarde)

   _____

2. ¿Voy al supermercado contigo? (poder / a las 5:00)

   _____

3. ¿Sirven la cena? (empezar / a las 8:00)

   _____

4. ¿Hilda da de comer al perro? (preferir / por la noche)

   _____

5. ¿Pierde Juan el partido? (no querer / la semana próxima)

   _____

6. ¿Jugamos hoy? (comenzar / esta tarde)

   _____

7. ¿Cortan Uds. el césped? (no poder / ahora)

   _____

8. ¿Hace Ud. el desayuno? (preferir / temprano por la mañana)

   _____

¿A qué hora?

Todos los días hacemos actividades a la misma hora. Escribe frases para expresar lo que hacen estas personas a cada hora.

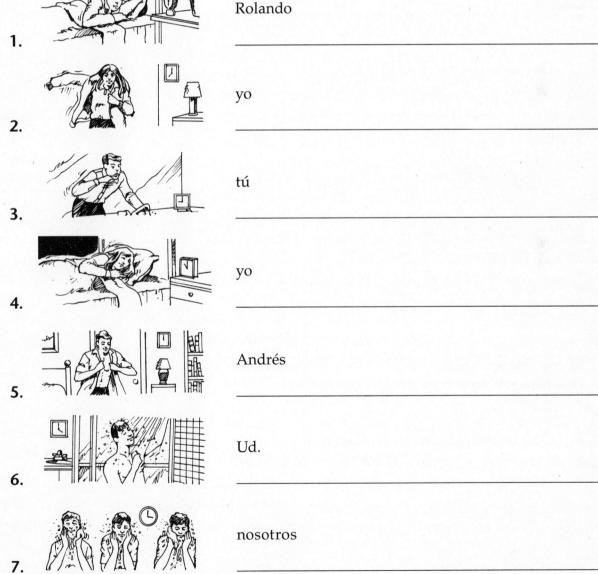

Modelo

Pablo
Se lava la cara a las siete de la mañana.

1. Rolando
_____

2. yo
_____

3. tú
_____

4. yo
_____

5. Andrés
_____

6. Ud.
_____

7. nosotros
_____

Nombre _____

Hora _____

Fecha _____

Practice Workbook **P-4**

¿Qué te gusta?

¿Qué les gusta hacer a estas personas? Primero contesta la pregunta, y luego escribe una frase usando una de las expresiones del recuadro.

encantar las fiestas	encantar hablar con ellos	gustar el béisbol
encantar la guitarra	encantar las películas policíacas	interesar la ropa
interesar los bailes	encantar las telenovelas	

Modelo   ¿Qué te gusta hacer? (ver la televisión)
Me gusta ver la televisión porque me encantan las telenovelas.

1. ¿Qué les gusta hacer a Uds.? (ir al cine)

   _____

2. ¿Qué le interesa hacer a Octavio? (practicar deportes)

   _____

3. ¿Qué les encanta hacer a tus amigos? (ir a bailar)

   _____

4. ¿Qué te gusta hacer? (reunirse con mis amigos)

   _____

5. ¿Qué le gusta hacer a Ud.? (tocar un instrumento musical)

   _____

6. ¿Qué nos gusta hacer (ir de compras)

   _____

7. ¿Qué me gusta hacer? (celebrar mi cumpleaños)

   _____

Go Online WEB CODE jed-0004
PHSchool.com

Tiempo libre

A. Isabel habla de cómo son las vacaciones con su familia. Completa el párrafo con los posesivos que faltan.

Mis padres y hermanos son muy divertidos. Me encanta ir de vacaciones con

(1.) _____ familia. Viajo con **(2.)** _____ padres y **(3.)** _____ dos

hermanos. Tenemos un perro. Este año podemos llevar a **(4.)** _____ perro también

porque vamos en coche. Vamos a un hotel que está en la playa. **(5.)** _____ mamá

está muy contenta porque no tiene que hacer los quehaceres de la casa cuando estamos

de vacaciones. Mi hermano Paquito está contento porque no tiene que hacer

(6.) _____ tarea. Y mi hermana Rosita está contenta porque no tiene que ayudar

a mamá con los quehaceres. Papá está contento también porque no tiene que pensar en

(7.) _____ trabajo. Todos **(8.)** _____ días son especiales cuando estamos de

vacaciones. Y ahora, dime tú, ¿cómo son las vacaciones con **(9.)** _____ familia?

B. Tu maestra tiene muchas preguntas sobre tus amigos y tu familia. Completa las respuestas usando el adjetivo posesivo apropiado.

> **Modelo**   ¿Tu amiga está aquí? No, _____*mi*_____ amiga no está aquí.

1. ¿La ropa de Matilde es elegante? Sí, _____ ropa es elegante.

2. ¿Están de vacaciones tus padres? No, _____ padres no están de vacaciones.

3. ¿El equipo de José y Alberto es bueno? Sí, _____ equipo es bueno.

4. ¿Vas a la fiesta sorpresa de Gerardo? No, no voy a _____ fiesta sorpresa.

5. ¿Las fiestas de Uds. son especiales? No, _____ fiestas no son especiales.

6. ¿Mis libros están en la maleta? No, _____ libros no están en la maleta.

7. ¿Están emocionadas las hermanas de Felipe? Sí, _____ hermanas están emocionadas.

8. ¿Quieres ir a tu club? Sí, quiero ir a _____ club.

Realidades 3

Nombre _____

Hora _____

Para empezar

Fecha _____

Practice Workbook **P-6**

Grammar

1. Write the first-person form for the present indicative of the following verbs:

conocer _____   ver _____

dar _____   caer _____

2. Conjugate the following verbs in the present indicative:

perder

poder

pedir

3. What are the two parts of a Spanish reflexive verb? Give three examples.

_____

_____

4. List the reflexive pronouns.

5. What do the verbs *encantar, importar,* and *interesar* have in common with the verb *gustar?*

_____

6. When do we use the singular form of the above verbs and when do we use the plural?

_____

7. What prepositional phrase can we use instead of the possessive pronouns *su / sus* for clarity or emphasis?

_____

Realidades 3

Capítulo 1

Nombre _____

Hora _____

Fecha _____

Practice Workbook **1-1**

A ver si recuerdas . . .

Vacaciones inolvidables

Usa la información que te damos para contar lo que estas personas hicieron durante las vacaciones. Escribe los verbos en pretérito.

Modelo Emilia / ir al mar

Emilia fue al mar. _____

1. nosotros / montar a caballo

_____

2. tú / ir al campo

_____

3. los hermanos Ortega / dar una caminata

_____

4. yo / montar en bicicleta

_____

5. Uds. / viajar a las montañas

_____

6. Roberto / ir de pesca

_____

7. Ud. / sacar fotos

_____

8. Paquita / ver monos en un zoológico

_____

A ver si recuerdas . . .

Actividades al aire libre

Mira los dibujos y escribe lo que hicieron estos jóvenes la semana pasada. Usa el pretérito de los verbos.

Modelo _____ Juan Luis *montó en monopatín* _____.

1. Margarita _____.

2. Nicolás y Pedro _____.

3. Estela _____.

4. Lourdes y Consuelo _____.

5. Mario _____.

6. Ramón _____.

WEB CODE jed-0101

Realidades 3

Capítulo 1

Nombre _____

Fecha _____

Hora _____

Practice Workbook **1-3**

¡Qué aventura!

Usa la información que te damos y los dibujos para contar lo que hicieron estos amigos en la sierra.

Modelo

Los chicos lo ___*pasaron bien*___ cuando fueron de cámping.

1. Ellos llevaron su _____ a la sierra.

2. Al _____, ellos usaron _____ para ver.

3. Marcos durmió en _____.

4. Mis amigos y yo dimos _____ por un _____ con pocos árboles.

5. Mis amigos y yo _____. en la cabaña cuando empezó a _____.

6. Trajimos _____ para no _____.

Realidades 3

Capítulo 1

Nombre _____

Fecha _____

Hora _____

Practice Workbook **1-4**

Van de cámping

A. Contesta las preguntas con frases completas usando palabras de la lección.

Modelo   ¿Dónde te refugias cuando vas de cámping?
            Me refugio en una tienda de acampar.

1. ¿Qué usas cuando te molestan los mosquitos?

_____

2. ¿Qué usaron ellas para ver de lejos?

_____

3. Él se despierta muy temprano. ¿Cuándo se despierta?

_____

4. ¿Por qué te caes cuando te tropiezas con una roca?

_____

B. Usa las palabras del recuadro para completar la historia de Carmen y sus amigas.

la oeccanher	nua zev laíl	cihaa	aceraper
sía	ejdó ed	nu trao	

Mis amigas y yo fuimos a acampar en la sierra. Luisa conocía un lugar ideal. Caminamos

una hora para llegar. **(1.)** _____, sacamos la tienda de acampar. De repente,

empezó a caer granizo. Corrimos **(2.)** _____ la tienda y nos refugiamos.

Cuando **(3.)** _____ llover, salimos otra vez y fuimos a ver el lago. Pasamos

(4.) _____ allí. **(5.)** _____ hicimos una fogata y

(6.) _____ pudimos preparar la cena. ¡Qué bien lo pasamos!

Go Online WEB CODE jed-0102
PHSchool.com

Desastres horribles

A. Completa esta conversación con el pretérito del verbo apropiado.

Modelo Nadie _____*creyó*_____ (creer / destruir) lo que dije.

—Yo **(1.)** _____ (leer / creer) algo horrible en el periódico. No sé si lo

(2.) _____ (caer / leer) tú también. Hubo una tormenta terrible en

Nicaragua.

—Mi hermano y yo **(3.)** _____ (oír / leer) la noticia en la radio. Parece

que la tormenta **(4.)** _____ (destruir / caerse) muchas casas.

—También **(5.)** _____ (caerse / leer) muchos árboles.

—Muchas personas **(6.)** _____ (creer / destruir) que iban a morir.

B. Completa esta noticia con el pretérito del verbo apropiado.

Mis amigos no **(1.)** _____ (creer / caer) lo que pasó ayer. Hubo un terremoto en

el centro de la ciudad. A las once y veintidós yo **(2.)** _____ (oír / creer)

un ruido terrible. La tierra **(3.)** _____ (dejar / empezar) a temblar.

(4.) _____ (caerse / leer) muchas casas.

El terremoto **(5.)** _____ (caerse / destruir) muchos edificios. Hoy, todos

(6.) _____ (leer / oír) las noticias sobre el terremoto en la radio,

y **(7.)** _____ (leer / creer) lo que pasó en los periódicos.

Un día en la sierra

Tú y tus amigos pasaron un día en la sierra. Completa esta historia con el pretérito de los verbos que aparecen entre paréntesis.

Mis amigos y yo fuimos a la sierra. Mis padres nos **(1.)** _____ (*decir*)

que el paisaje era muy hermoso. Mi hermanita **(2.)** _____ (*venir*)

con nosotros. Marcos **(3.)** _____ (*decir*) que no podía venir.

Él **(4.)** _____ (*tener*) que ir con sus primos al centro.

Después de llegar a la sierra, mis amigos y yo **(5.)** _____ (*poder*) hacer

una fogata. Entonces nosotros **(6.)** _____ (*decir*): "¡Vamos a comer!". Después

de comer, nosotros **(7.)** _____ (*andar*) mucho por los senderos del bosque.

Todos mis amigos **(8.)** _____ (*traer*) sus brújulas, y por eso nosotros no

(9.) _____ (*tener*) problemas. Yo **(10.)** _____ (*poner*) el

repelente de insectos en mi mochila.

Después, mi hermanita y yo **(11.)** _____ (*ir*) al lago. Yo

(12.) _____ (*poder*) pescar un poco. Otros **(13.)** _____ (*andar*)

alrededor del lago. Estábamos muy cansados y **(14.)** _____ (*tener*) que

descansar antes de volver a casa. Después de nuestro día en la sierra nosotros

(15.) _____ (*estar*) muy contentos.

WEB CODE
jed-0104
PHSchool.com

Realidades 3

Capítulo 1

Nombre _____

Fecha _____

Hora _____

Practice Workbook **1-7**

¿Todos se divierten?

A. ¿Qué le pasó a Andrea anoche? Completa su cuento usando el pretérito del verbo apropiado del recuadro.

divertirse	dormir	morir	preferir	sentir	sugerir

Anoche Andrea tuvo mucho sueño y se **(1.)** _____ temprano. De repente

(2.) _____ que la cama temblaba. ¡Era un terremoto! Andrea recordó lo que

un amigo le **(3.)** _____ una vez: estar debajo de la puerta. Por suerte, nadie

(4.) _____ ni hubo heridos. Pobre Andrea no **(5.)** _____

para nada.

B. Claudia y Patricia acamparon en la sierra durante las vacaciones de primavera. Para saber cómo lo pasaron, completa el párrafo con el pretérito de los verbos apropiados del recuadro.

andar	divertirse	dormirse	estar
leer	oír	traer	vestirse

Claudia **(1.)** _____ en el periódico sobre la Sierra Altamira. Decidió ir a la

sierra con su amiga Patricia. Ellas **(2.)** _____ con ropa adecuada. Claudia

(3.) _____ su tienda de acampar y Patricia llevó dos sacos de dormir.

Salieron al amanecer y **(4.)** _____ por un largo camino hasta llegar a la

sierra. Escalaron una rocas y luego acamparon. Por la noche, **(5.)** _____

temprano. De repente, Patricia se despertó porque **(6.)** _____ un ruido. Por

eso **(7.)** _____ nerviosas toda la noche y no pudieron dormir. Al día

siguiente, las chicas dieron un paseo por la sierra. Luego regresaron a casa. Claudia y

Patricia lo pasaron bien y se divirtieron mucho aunque durmieron poco.

Realidades 3

Capítulo 1

Nombre _____

Hora _____

Fecha _____

Practice Workbook **1-8**

Una carrera atlética

¿Qué pasó en la competencia? Mira los dibujos y completa las oraciones.

Modelo Martín y Marcos _____*se inscriben*_____ para

participar en la carrera.

1. Marianela obtuvo _____.

2. Cuando Marianela ganó la competencia, su hermanito

le dijo _____.

3. Yo pasé mucho tiempo _____

antes de participar en la carrera.

4. Asistimos a la ceremonia de _____.

5. Alberto es el campeón. Recibió _____.

6. Matilde es campeona. Tiene su _____.

7. Los padres de Matilde están muy

_____ de su hija.

Go Online WEB CODE jed-0106
PHSchool.com

Realidades 3

Capítulo 1

Nombre _____

Fecha _____

Hora _____

Practice Workbook **1-9**

Una carta

Eugenia le escribe una carta a su primo Carlos para contarle algo maravilloso. Lee su carta y contesta las preguntas que siguen.

> *Querido Carlos:*
>
> *¿Cómo estás? ¿Y tus padres? Aquí todos estamos bien. Te escribo para contarte algo increíble. ¿Te acuerdas que te dije que yo iba a participar en la carrera de San Marcos el domingo? Me inscribí hace dos meses y pasé mucho tiempo entrenándome. Y ¿sabes, Carlos? ¡Alcancé mi meta! Fue una carrera muy dura, pero la gané. ¡Cuánto me emocioné! Después de la carrera hubo una entrega de premios. Mis padres estaban muy orgullosos cuando me vieron con el trofeo que obtuve.*
>
> *La semana pasada me inscribí para las carreras de verano que tienen lugar en julio. Esas carreras son muy difíciles porque en ellas participan jóvenes de todo el país. Me doy cuenta de que tengo que hacer un esfuerzo muy grande y ya he empezado el entrenamiento. ¡Si gano esas carreras obtendré una medalla!*
>
> *Bueno, Carlos, muchos saludos a tus padres y un beso de tu prima.*
>
> *Eugenia*

Preguntas

1. ¿En qué competencia atlética participó Eugenia?

   _____

2. ¿Qué le dieron a Eugenia en la ceremonia?

   _____

3. ¿Cómo se sintieron los padres de Eugenia?

   _____

4. ¿En que otra competencia va a participar Eugenia?

   _____

5. ¿Qué debe hacer para ganar esa competencia?

Realidades 3

Capítulo 1

Nombre _____

Fecha _____

Hora _____

Practice Workbook **1-10**

El trofeo de Victoria

Completa la historia de Victoria y su trofeo, usando el pretérito o el imperfecto del verbo apropiado. La primera frase ya está hecha.

A Victoria Martínez siempre le **(1.)** _____*gustaban*_____ (*gustar / comer*) las

competencias deportivas. Todos los días **(2.)** _____ (*pensar / correr*) en ganar

un trofeo. Por eso ella **(3.)** _____ (*leer / entrenarse*) todas las semanas,

(4.) _____ (*correr / destruir*) ocho kilómetros cada día y

(5.) _____ (*hacer / venir*) mucho ejercicio. Todos los días

(6.) _____ (*oír / leer*) el periódico para ver cuándo **(7.)** _____

(*ser / saber*) las carreras de Santo Tomás. Un día leyó que las carreras

(8.) _____ (*ir / destruir*) a tener lugar en agosto y entonces Victoria se

inscribió. Ella **(9.)** _____ (*creer / tener*) tres meses para prepararse.

Por fin llegó el día de la carrera. Victoria **(10.)** _____ (*caer / saber*) que

(11.) _____ (*beber / competir*) con los mejores atletas del país. Sin embargo, no

se desanimó. Cuando empezó la carrera, Victoria **(12.)** _____ (*sentirse / ir*) en

cuarto lugar, pero después hizo un esfuerzo y ganó. ¡Le dieron su trofeo! Todos sus amigos

(13.) _____ (*estar / competir*) emocionados y gritaban "¡Felicitaciones!".

Nombre _____ Hora _____

Fecha _____ Practice Workbook **1-11**

Mi tío el atleta

A. Consuelo te habla sobre su tío Antonio. Ella te cuenta lo que le pasó a su equipo de fútbol. Completa el párrafo con el pretérito o el imperfecto del verbo apropiado del recuadro.

ir	ser	ganar	beber
gustar	obtener	jugar	

Déjame contarte algo acerca de mi tío. Mi tío Antonio **(1.)** _____ muy

deportista y siempre le **(2.)** _____ mucho los deportes. De niño siempre

(3.) _____ a los partidos de fútbol con su papá. Antonio también

(4.) _____ al fútbol por dos años. Su equipo no era muy bueno y casi

nunca **(5.)** _____. Pero una vez ellos **(6.)** _____ el trofeo del

primer lugar.

B. Ahora Amanda, la hermana de Consuelo, sigue contando la historia de su tío Antonio. Completa el párrafo con el pretérito o el imperfecto del verbo apropiado del recuadro.

hacer	dar	haber	entrenar
emocionarse	contar	nadar	

Antonio me **(1.)** _____ cómo pasó eso. Me dijo que los jugadores de su

equipo se **(2.)** _____ todos los días. El día del partido, el equipo

(3.) _____ un esfuerzo y logró ganar. Después **(4.)** _____ una

entrega de premios y le **(5.)** _____ al equipo de Antonio el trofeo. Todos los

jugadores **(6.)** _____ mucho.

Realidades ③

Capítulo 1

Nombre _____

Hora _____

Fecha _____

Practice Workbook **1-12**

La competencia

Un amigo te hace preguntas acerca de una competencia. Primero completa la pregunta, usando el pretérito o el imperfecto del verbo según el caso. Luego escribe la respuesta.

Modelo

¿En qué mes _____*fue*_____ (ser) la competencia?

La competencia fue en julio.

1.

¿Dónde _____ (tener) lugar esa competencia?

_____

2.

Generalmente, ¿qué competencia _____ (haber)?

_____

3.

¿Qué hora _____ (ser) cuando empezó la competencia?

_____

4.

¿_____ (hacer) calor o frío cuando empezó la competencia?

_____

5.

Generalmente, ¿cuántos atletas _____ (participar) en la competencia?

_____

6.

¿Qué _____ (haber) ayer después de la competencia?

_____

7.

¿Qué _____ (obtener) el ganador de la competencia todos los años?

_____

Realidades 3

Capítulo 1

Nombre _____

Fecha _____

Hora _____

Practice Workbook **1-13**

Organizer

I. Vocabulary

Actividades al aire libre

_____

_____

_____

_____

Para describir la naturaleza

_____

_____

_____

_____

Para hablar de cámping

_____

_____

_____

_____

Para hablar del tiempo

_____

_____

_____

_____

Para hablar de competencias deportivas

_____

_____

_____

Para expresar emociones e impresiones

_____

_____

_____

Para indicar cuándo sucede algo

_____

_____

_____

Para prepararse para un evento deportivo

_____

_____

_____

Realidades ❸

Capítulo 1

Nombre _____

Fecha _____

Hora _____

Practice Workbook **1-14**

Organizer

II. Grammar

1. In verbs ending in *-uir,* the letter _____ changes to the letter _____ in the
   Ud. / él / ella forms of the preterite.

2. The preterite forms of *poner* are:

   _____ _____

   _____ _____

   _____ _____

   The preterite forms of *decir* are:

   _____ _____

   _____ _____

   _____ _____

3. The preterite forms of *pedir* are:

   _____ _____

   _____ _____

   _____ _____

   The preterite forms of *dormir* are:

   _____ _____

   _____ _____

   _____ _____

4. The imperfect endings of *-ar* verbs are:

   yo _____ nosotros(as) _____

   tú _____ vosotros(as) _____

   el/ella _____ Uds. _____

   The imperfect endings for regular *-er/-ir* verbs are:

   yo _____ nosotros(as) _____

   tú _____ vosotros(as) _____

   el/ella _____ Uds. _____

5. List three uses of the imperfect tense.

   a. _____

   b. _____

   c. _____

Nombre _____

Hora _____

Fecha _____

Practice Workbook **2-1**

A ver si recuerdas . . .

Hablemos de arte

Luis y Ernesto quieren hacer comparaciones sobre arte. Ayúdalos escribiendo frases completas con la información que te damos.

| Modelo | esta obra de arte / + sencillo / esa obra de arte |

Esta obra de arte es más sencilla que esa obra de arte.

esta obra de arte / - sencillo / esa obra de arte

Esta obra de arte es menos sencilla que esa obra de arte.

esta obra de arte / = sencillo / esa obra de arte

Esta obra de arte es tan sencilla como esa obra de arte.

1. el museo de arte de Bilbao / + moderno / el museo de arte de Madrid

_____

2. estos pintores / – interesante / esos pintores

_____

3. tus obras de arte / = feo / mis obras de arte

_____

4. las estatuas de la plaza / – realista / las estatuas del parque

_____

5. el estilo de Carrillo / = complicado / el estilo de Obregón

_____

6. esta artista / + serio / esa artista

_____

7. esos cuadros / – bonito / estos cuadros

_____

8. los paisajes de este museo / + bueno / los paisajes de otros museos

_____

A ver si recuerdas . . .

Mis amigos artistas

Carla te está hablando de sus amigos artistas. Usa los dibujos para escribir frases superlativas.

Modelo cómico

👍 *Fernando es el actor más cómico de todos.*

👎 *Fernando es el actor menos cómico de todos.*

1. 👎 talentoso _____

2. 👍 inolvidable _____

3. 👎 interesante _____

4. 👍 malo _____

5. 👍 perezoso _____

6. 👍 bueno _____

Pintura y escultura

Estás de visita en un taller de arte. Mira los dibujos y completa las frases para decribir lo que ves.

1. Simón y Cristina pintan _____ en la pared.

2. Lorenza tiene varios colores en su _____.

3. Rogelio hace una _____ abstracta.

4. Los estudiantes pintan dentro del _____ de arte.

5. Juan José pinta _____.

6. Raquel y Elena trabajan _____.

7. Olivia tiene un _____.

Realidades 3

Capítulo 2

Nombre _____

Fecha _____

Hora _____

Practice Workbook **2-4**

La pintora y el crítico

A. Martín Dávila, crítico de arte, visita el taller de Mercedes Valenzuela. Completa las palabras para saber qué dice él acerca de esta pintora.

El taller de Mercedes Valenzuela **(1.)** m __ __ __ t __ __ por qué esta artista

es tan respetada. Sus cuadros **(2.)** __ __ p __ __ __ __ n muchos sentimientos

diferentes. Sus **(3.)** __ __ m __ s favoritos son la naturaleza y la familia, y

(4.) r __ __ __ __ __ __ __ t __ __ su amor por la vida. Se puede ver que el

pintor Armando Reverón **(5.)** i __ __ __ __ __ e mucho en su estilo. Las pinturas de

Valenzuela se vuelven más **(6.)** __ b __ __ __ __ c __ __ __ cada día. Esta pintora

ya es muy **(7.)** f __ m __ __ __ y yo creo que es una de las mejores artistas de este

(8.) s __ __ l __.

B. Ahora Mercedes Valenzuela nos habla de su arte. Completa las frases, sustituyendo *(substituting)* las palabras en paréntesis por palabras del vocabulario.

Mi estilo **(1.)** _____ *(se hace)* más complicado todos los días. Los críticos

dicen que mis **(2.)** _____ *(dibujos y pinturas)* son muy interesantes. Voy a mi

(3.) _____ *(estudio de arte)* todos los días. Yo prefiero estar

(4.) _____ *(en una silla)* cuando trabajo. A veces pinto

(5.) _____ *(cuadros de mí misma)*. Me gusta expresar

(6.) _____ *(alegría y tristeza)* en mis pinturas. Ahora estoy pintando un

paisaje. Al **(7.)** _____ *(la parte de atrás)* del cuadro se ven unas montañas.

Hay unos árboles en el **(8.)** _____ *(la parte de adelante)*.

Go Online
WEB CODE
jed-0202
PHSchool.com

Realidades 3

Capítulo 2

Nombre _____

Hora _____

Fecha _____

Practice Workbook **2-5**

No sabes lo que pasó

María le explica a su amiga Carmen por qué llegó tarde a la clase de arte. Completa su conversación con el pretérito o el imperfecto de los verbos que aparecen entre paréntesis, según el contexto.

CARMEN: ¿Qué pasó? Yo **(1.)** _____ *(ver)* que tú

(2.) _____ *(llegar)* tarde a la clase de arte.

MARÍA: Yo **(3.)** _____ *(salir)* de mi casa a tiempo, pero el autobús

(4.) _____ *(llegar)* tarde. Cuando yo

(5.) _____ *(entrar)* en la sala de clases, los estudiantes ya

(6.) _____ *(estar)* sentados.

CARMEN: Creo que **(7.)** _____ *(ser)* las nueve y diez cuando llegaste.

MARÍA: Creo que el profesor **(8.)** _____ *(estar)* enojado conmigo. No sé si

viste cómo me **(9.)** _____ *(mirar)* cuando me vio entrar tarde.

CARMEN: Yo vi que él **(10.)** _____ *(dejar)* de pintar.

(11.) _____ *(poner)* su pincel y su paleta en la mesa.

MARÍA: El profesor no **(12.)** _____ *(decir)* nada, pero sus ojos

(13.) _____ *(expresar)* sus sentimientos.

CARMEN: Sí, él **(14.)** _____ *(empezar)* el taller a las nueve, como de costumbre.

MARÍA: ¡Ay! No quiero que el profesor esté enojado conmigo. Su taller de arte es mi

clase favorita. Tengo que hablar con él para explicarle por qué yo

(15.) _____ *(llegar)* tarde.

CARMEN: Me parece buena idea.

Go Online
PHSchool.com
WEB CODE
jed-0203

Manos a la obra 1 ▬ *Gramática* **25**

Realidades **3**

Capítulo 2

Nombre _____

Fecha _____

Hora _____

Practice Workbook **2-6**

Una escena misteriosa

¿Qué ha pasado en el taller de arte? Usa *estar* + participio para contestar las preguntas y describir la escena.

Modelo ¿Alguien abrió la puerta del taller?

No, la puerta del taller ya estaba abierta.

1. ¿Alguien cerró las ventanas?

_____

2. ¿Los artistas hicieron el trabajo?

_____

3. ¿Ellas pintaron los cuadros?

_____

4. ¿Los estudiantes pusieron las paletas en la mesa?

_____

5. ¿Ellos decoraron el taller?

_____

6. ¿Alguien apagó las luces?

_____

7. ¿El profesor se acaba de dormir?

_____

8. ¿Los estudiantes escondieron las esculturas?

_____

Go Online WEB CODE jed-0205
PHSchool.com

Una visita al museo

A. Herminia está haciendo una lista de cosas que hizo cuando fue al Museo de Arte Nacional. Completa las frases usando el pretérito, el imperfecto o el imperfecto de *estar* y el participio pasado de los verbos, según el caso.

1. *(Ser)* _____ las once de la mañana cuando llegué al museo.

2. El guía del museo ya *(sentar)* _____ en su oficina.

3. El guía me dijo que *(llamarse)* _____ Manuel.

4. Manuel me *(hablar)* _____ sobre los cuadros mientras nosotros dos

   (caminar) _____.

5. Al final del día, yo *(cansar)* _____.

B. Sergio cuenta la visita que hicieron él y su hermana al museo de arte el viernes. Completa su historia usando el pretérito, el imperfecto, o el imperfecto de *estar* y el participio pasado de los verbos, según el caso.

El viernes pasado mi hermana y yo no **(1.)**_____ *(tener)* nada que

hacer. No **(2.)**_____ *(hacer)* muy buen tiempo, y por eso nosotros

(3.)_____ *(decidir)* ir al museo de arte. Nuestro profesor de arte nos dijo que

(4.)_____ *(haber)* muchas obras de arte interesantes allí.

(5.)_____ *(Ser)* las nueve y diez cuando llegamos y el museo ya

(6.)_____ *(abrir)*. Nosotros **(7.)**_____ *(entrar)* y

(8.)_____ *(empezar)* a mirar la colección del museo. Mi hermana y yo

(9.)_____ *(ver)* a unas personas que **(10.)**_____ *(parar)* delante

de una escultura abstracta.

Después de pasar dos horas en las salas del museo, le **(11.)**_____

(decir) a mi hermana que **(12.)**_____ *(tener)* hambre. Ella también

(13.)_____ *(querer)* comer y **(14.)**_____ *(ir)* al restaurante del

museo. Después **(15.)**_____ *(visitar)* la librería del museo. Fue un día muy

agradable.

 **Go Online** WEB CODE
jed-0203, jed-0205
PHSchool.com

Estudiantes talentosos

Todas estas personas realizan actividades artísticas. Mira los dibujos y completa las frases.

1. Pedro y Tomás _____.

2. Nos encantó el _____ de salsa.

3. Ramón _____.

4. Teresa es una _____ de cuentos para niños.

5. Diego usa _____ cuando canta.

6. Leonora y Carlos aprenden _____ del tango.

7. Necesito comprar dos _____ para el espectáculo.

Realidades 3

Capítulo 2

Nombre _____

Hora _____

Fecha _____

Practice Workbook **2-9**

¿Adónde vamos a ir?

Elena y Jorge quieren salir esta noche, pero no pueden decidir adónde. Lee la conversación y completa el diálogo, sustituyendo *(substituting)* las palabras en paréntesis por palabras de vocabulario. No olvides usar los artículos determinados (el / la / los / las) o indeterminados (un / una / unos / unas), según el caso.

ELENA: Me gustaría ver **(1.)** _____ *(baile estilo ballet)* esta noche. ¿Qué te

parece?

JORGE: Yo prefiero ver al **(2.)** _____ *(grupo)* de salsa "Bandoleros".

ELENA: ¿Qué sabes de ellos?

JORGE: Un crítico **(3.)** _____ *(muy conocido)* los recomendó en

(4.) _____ *(artículo)* del periódico.

ELENA: ¿Y qué escribió?

JORGE: Dijo que las canciones de "Bandoleros" tienen excelente

(5.) _____ *(palabras de la canción)* y

(6.) _____ *(música)*.

ELENA: ¿El grupo "Bandoleros" **(7.)** _____ *(ser similar)* al grupo

"Los chicos"?

JORGE: Sí. Los dos tocan salsa, pero tienen **(8.)** _____ *(compases)*

diferentes. ¿Qué sabes del ballet?

ELENA: Los bailarines son famosos y muy buenos. El año pasado

(9.) _____ *(actuaron)* "El lago de los cisnes".

JORGE: ¿Y este año?

ELENA: Este año van a **(10.)** _____ *(hacer)* "El cascanueces".

JORGE: El ballet va a estar toda la semana y el grupo de salsa esta noche solamente.

Vamos a ver a "Bandoleros" hoy y mañana podemos ir a ver el ballet que es

(11.) _____ *(obra)* más serio.

ELENA: De acuerdo. Yo voy a comprar **(12.)** _____ *(boletos)* para

"Bandoleros" ahora mismo.

JORGE: ¡Y compra las de "El cascanueces" al mismo tiempo!

Realidades ③

Capítulo 2

Nombre _____

Fecha _____

Hora _____

Practice Workbook **2-10**

El teatro de los estudiantes

Los estudiantes presentan una obra de teatro, y hoy es la primera noche. Para saber cómo estuvieron las cosas, completa estas frases con el imperfecto de *ser* o *estar*, según el contexto.

1. _____ las siete y media.

2. El teatro _____ abierto.

3. Los actores ya _____ allí.

4. Todos los actores _____ estudiantes.

5. Ellos _____ muy nerviosos.

6. El escenario _____ muy bonito.

7. Mucha gente _____ sentada en el teatro.

8. La obra _____ argentina.

9. _____ una obra muy original.

10. La interpretación _____ muy interesante.

11. Los papeles _____ difíciles.

12. El público _____ muy entusiasmado.

Go Online
WEB CODE jed-0207
PHSchool.com

Preguntas y respuestas

Un amigo te pregunta algunas cosas acerca del conjunto "Los abuelos". Completa las preguntas con el pretérito o el imperfecto de los verbos indicados. Luego responde las preguntas utilizando el mismo verbo en pretérito o imperfecto, según el contexto.

Modelo conocer

—¿Tú _____*conocías*_____ al cantante de "Los abuelos"?

—No. *Lo conocí ayer después del concierto.*

1. **saber**

   —¿Tú _____ que el conjunto tocaba merengue?

   —No. _____

2. **querer**

   —¿Tu hermana _____ ver ese espectáculo?

   —Sí. _____

3. **poder**

   —¿Ellos _____ comprar las entradas ayer?

   —Sí. _____

4. **no querer**

   —¿Ustedes dijeron que _____ comprar el disco de "Los abuelos"?

   —No. _____

5. **conocer**

   —¿Tú _____ a Marta en el concierto?

   —No. Ya _____

6. **poder**

   —¿Marta _____ aprenderse la letra de las canciones antes del concierto?

   —No. _____

Realidades **3**

Capítulo 2

Nombre _____

Fecha _____

Hora _____

Practice Workbook **2-12**

Hablando de una artista

Laura y Paco hablan de la señora Piñedo, una artista que conocen. Completa su conversación con el pretérito o imperfecto de los verbos entre paréntesis.

LAURA: Ayer **(1.)** _____ *(conocer/saber)* a la señora Piñedo.

PACO: Entonces ¿tú no la **(2.)** _____ *(ser/conocer)*?

LAURA: No. Nunca **(3.)** _____ *(poder/estar)* ir a verla en su taller.

PACO: ¿Tú ya **(4.)** _____ *(saber/querer)* cómo llegar?

LAURA: Sí. **(5.)** _____ *(ser/estar)* fácil llegar al taller.

PACO: ¿Cómo **(6.)** _____ *(ser/estar)* la señora Piñedo?

LAURA: Muy bien. Y el taller **(7.)** _____ *(ser/estar)* muy grande. Las paredes

(8.) _____ *(ser/estar)* pintadas.

PACO: ¿Viste sus cuadros?

LAURA: Sí. **(9.)** _____ *(poder/conocer)* ver muchos cuadros de la señora Piñedo.

PACO: Al principio, la señora Piñedo **(10.)** _____ *(ser/estar)* una artista

realista, y después su arte se volvió abstracto. Ella ya no

(11.) _____ *(conocer/querer)* pintar más cuadros realistas.

LAURA: Bueno, los cuadros que yo vi **(12.)** _____ *(ser/estar)* muy abstractos. Yo

no **(13.)** _____ *(poder/conocer)* los cuadros realistas de ella.

PACO: Antes ella hacía esculturas también. ¿ **(14.)** _____ *(poder/saber)* verlas?

LAURA: **(15.)** _____ *(Querer/Conocer)* verlas, pero no

(16.) _____ *(saber/poder)*. Creo que las esculturas

(17.) _____ *(ser/estar)* en otro taller.

PACO: Yo estudio pintura con la señora Piñedo. Antes de estudiar con ella, yo no

(18.) _____ *(ser/estar)* tan buen pintor. Ahora pinto mejor.

LAURA: Siempre **(19.)** _____ *(querer/saber)* estudiar con la señora Piñedo.

Podemos estudiar juntos.

PACO: ¡Excelente idea!

Realidades 3

Capítulo 2

Nombre _____

Fecha _____

Hora _____

Practice Workbook **2-13**

Organizer

I. Vocabulary

Formas y géneros de arte

_____
_____
_____
_____
_____
_____

Para describir una obra de arte

_____
_____
_____
_____
_____
_____

En el escenario

_____
_____
_____
_____
_____
_____

Para hablar sobre la música y la danza

_____
_____
_____
_____
_____
_____

Para hablar sobre la actuación

_____
_____
_____
_____
_____

Profesiones artísticas y materiales de arte

_____
_____
_____
_____
_____

Realidades ③

Capítulo 2

Nombre _____

Fecha _____

Hora _____

Practice Workbook **2-14**

Organizer

II. Grammar

1. List two uses of the preterite and two uses of the imperfect.

_____

_____

_____

_____

2. How is *estar* + past participle used?

_____

3. Write the past participle of the following verbs:

abrir _____   hacer _____

decir _____   escribir _____

volver _____   romper _____

4. List two uses of *ser* and two uses of *estar*.

_____

_____

_____

_____

5. What meanings do these verbs have in the different tenses?

	IMPERFECT	PRETERITE
saber	_____	_____
conocer	_____	_____
querer	_____	_____
no querer	_____	_____
poder	_____	_____

Go Online WEB CODE jed-0211
PHSchool.com

Realidades ❸

Capítulo 3

Nombre _____

Hora _____

Fecha _____

Practice Workbook **3-1**

A ver si recuerdas . . .

Los enfermos

Cuenta lo que les pasó hoy a estas personas que no se sienten bien. Contesta las preguntas usando los dibujos. Usa el pretérito y un pronombre de complemento indirecto.

Modelo A María le dolía el tobillo. ¿Qué hizo la médica?

La médica le examinó el tobillo. _____

1. Marisol estaba enferma. ¿Qué hizo la enfermera?

_____

2. Pablo necesitaba una medicina. ¿Qué hizo el médico?

_____

3. A Uds. les dolía la garganta. ¿Qué recomendó la médica?

_____

4. Los niños se sentían mal. ¿Qué preparó su mamá?

_____

5. Andrés quería sentirse bien. ¿Qué le dijo el médico?

_____

6. Manuel se rompió el brazo. ¿Qué hicieron los enfermeros?

_____

7. Roberto y tú siempre estaban cansados. ¿Qué recomendó el

médico? _____

Go Online WEB CODE
jed-0301
PHSchool.com

A ver si recuerdas . . .

¡Qué rica comida!

¿Qué les gusta y qué no les gusta a estas personas? Completa cada pregunta y escribe las dos formas posibles de la respuesta, usando el gerundio y un pronombre de complemento directo.

Modelo

— ¿Juan come ___el pastel___?

— *No, no está comiéndolo.* (o) *No, no lo está comiendo.*

1. —¿Isabel prueba _____?

—_____. (o) _____.

2. —¿Pepe y Anita compran _____?

—_____. (o) _____.

3. —¿La señora Salas sirve _____?

—_____. (o) _____.

4. —¿Matilde come _____?

—_____. (o) _____.

5. —¿Ernesto prepara _____?

—_____. (o) _____.

6. —¿Antonia y Rebeca comen _____?

—_____. (o) _____.

7. —¿El señor Tamayo prueba _____?

—_____. (o) _____.

Go Online PHSchool.com WEB CODE jed-0301

Realidades 3

Capítulo 3

Nombre _____

Fecha _____

Hora _____

Practice Workbook **3-3**

La clínica del doctor Ramírez

Guillermo no se siente bien y va al médico. Completa la conversación con las palabras que faltan.

MÉDICO: ¿Qué tienes, Guillermo? ¿Qué te duele?

GUILLERMO: No estoy seguro. Me siento mal. Creo que tengo fiebre.

MÉDICO: Voy a tomarte la temperatura.

GUILLERMO: ¿Tengo fiebre, doctor?

MÉDICO: Sí. Tienes una fiebre de 39 **(1.)** _____.

GUILLERMO: No sé, doctor. No oigo bien. Me duelen **(2.)** _____.

MÉDICO: ¿Y la garganta y el pecho también? Oigo que tienes una

             (3.) _____ muy fuerte.

GUILLERMO: También me molesta la nariz. Yo **(4.)** _____ mucho. ¿Puede

             ser una alergia? ¿Estoy resfriado?

MÉDICO: Creo que tienes **(5.)** _____. Te voy a recetar un

             (6.) _____. Tómalo con la comida. No lo tomes con el

             estómago vacío. Y si te duele la cabeza, toma unas **(7.)** _____.

GUILLERMO: ¿Puedo comer, doctor?

MÉDICO: Claro, Guillermo, pero evita la **(8.)** _____, como las papas

             fritas y las hamburguesas. Debes seguir una **(9.)** _____

             equilibrada, como siempre.

Consejos para los atletas

El entrenador les explica a los atletas lo que deben hacer para mantenerse en forma. Completa el párrafo.

Bueno, mis queridos atletas, les voy a dar algunos consejos para que se mantengan

(1.) __ a __ __ d __ __ __ __ __. Tener buenos **(2.)** __ á __ __ t __ __

__ __ __ m __ __ t __ __ __ __ __ es muy importante. Deben

comer muchas frutas y verduras. Por ejemplo, las espinacas contienen un alto

(3.) __ __ v __ l de **(4.)** __ __ __ r r __. La leche tiene **(5.)** __ __ l c __ __,

que ayuda a poner los huesos fuertes. Pero tengan cuidado con los

(6.) __ __ __ b __ h __ __ r __ __ __ __. Éstos dan **(7.)** __ __ __ r g __ __,

pero no se deben comer demasiados. Los huevos tienen muchas

(8.) __ r __ t __ __ __ __ __, pero tampoco hay que comer demasiados.

Recuerden no saltarse comidas, pero también deben evitar comer mucho en las

(9.) __ __ r __ __ n __ __ __. Coman cuando tengan hambre,

pero cuando se sientan **(10.)** __ __ e n __ __, dejen de comer. Es muy importante

también **(11.)** t __ __ __ r mucha agua siempre y, sobre todo, cuando

hace mucho calor.

Ideas para tus amigos

Tus amigos quieren vivir mejor y tú les das consejos sobre su alimentación y lo que deben hacer todos los días. Escríbeles consejos con mandatos afirmativos con *tú*, usando los verbos del recuadro.

levantarse	hacer	evitar	cepillarse
tomar	comer	beber	correr

Modelo Come mucha fruta.

1. _____

2. _____

3. _____

4. _____

5. _____

6. _____

7. _____

WEB CODE
jed-0303
PHSchool.com

Realidades **3**

Nombre _____

Hora _____

Capítulo 3

Fecha _____

Practice Workbook **3-6**

Buenos consejos

Tu amigo Fernando te pregunta lo que no debe hacer para estar bien de salud y tener éxito en la escuela. Primero escoge el verbo correcto para cada uno de sus comentarios. Luego contesta sus preguntas usando mandatos negativos con *tú*. La primera respuesta ya está escrita.

FERNANDO: Creo que no tengo buenos hábitos alimenticios. Por ejemplo,

(*como* / *estornudo* / *hago*) muchos dulces.

TÚ: **(1.)** *Pues entonces, no comas muchos dulces.*

FERNANDO: Además, generalmente tengo sed durante el día. Siempre me

(*olvido* / *como* / *duermo*) de beber agua.

TÚ: **(2.)** _____

FERNANDO: Nunca traigo mi almuerzo. Siempre (*baño* / *corto* / *compro*) comida basura.

TÚ: **(3.)** _____

FERNANDO: También me (*bebo* / *salto* / *descanso*) comidas durante el día. Por ejemplo, no

tomo el desayuno.

TÚ: **(4.)** _____

FERNANDO: Sí, pero no es fácil. Es que me (*hago* / *pruebo* / *pongo*) nervioso en la escuela.

TÚ: **(5.)** _____

FERNANDO: Quisiera ser más fuerte. Pero siempre (*examino* / *evito* / *duermo*) hacer ejercicio.

TÚ: **(6.)** _____

FERNANDO: No es fácil. (*Soy* / *Corro* / *Paseo*) muy perezoso.

TÚ: **(7.)** _____

FERNANDO: Cuando llego a la casa, no estudio. (*Cierro* / *Navego* / *Miro*) la televisión.

TÚ: **(8.)** _____

FERNANDO: Además, me gusta (*jugar* / *evitar* / *pensar*) videojuegos.

TÚ: **(9.)** _____

FERNANDO: Trataré de seguir tus consejos. Gracias.

Go Online
WEB CODE
jed-0304
PHSchool.com

Realidades 3

Nombre _____

Hora _____

Capítulo 3

Fecha _____

Practice Workbook **3-7**

El Dr. Peña dice . . .

El Dr. Peña está en el hospital. Cuando visita a sus pacientes, les dice lo que deben y no deben hacer. Algunos(as) pacientes reciben instrucciones especiales. Escribe lo que les dice el Dr. Peña, usando mandatos con *Ud.* y *Uds.*

Modelo   (todas) escuchar bien / al médico
Escúchenlo bien.
_____

1. (todos) tomarse / la temperatura

_____

2. (Sra. Laínez) no tomar / hierro

_____

3. (todos) hacer / esta dieta

_____

4. (Sra. Gómez) comer / verduras

_____

5. (todas) dormirse / temprano

_____

6. (Sr. Pérez y Srta. Pardo) seguir / mis consejos

_____

7. (todas) no saltar / el desayuno

_____

8. (todos) hacer / ejercicio

_____

9. (Sra. Ruiz) evitar / tomar el sol

_____

10. (Sra. Paz) no poner / las vitaminas en la basura

_____

Realidades 3

Capítulo 3

Nombre _____

Fecha _____

Hora _____

Practice Workbook **3-8**

Gente en forma

Mira los dibujos y escribe una frase para describir cada uno.

| Modelo | Manuel | *Manuel flexiona la rodilla.* _____ |

1. Sonia _____

2. Ramiro _____

3. Luz y Clarita _____

4. Marcos _____

5. Marta y Nola _____

6. Berta _____

7.  Nicolás _____

Go Online
WEB CODE jed-0306
PHSchool.com

Aconsejando a una amiga

Laura y Mirna están hablando de los problemas que tiene Laura. Lee la conversación y completa las frases con palabras o expresiones que signifiquen lo mismo que las expresiones entre paréntesis.

MIRNA: Laura, te ves muy cansada.

LAURA: Sí, es que anoche no dormí bien. Y ahora **(1.)** _____

(*tengo muchas ganas de dormir*).

MIRNA: Vamos, no te **(2.)** _____ (*decir lo que te molesta*).

LAURA: ¡Es en serio! Y siempre estoy en la luna. Trato de leer pero no puedo

(3.) _____ (*pensar en lo que quiero*).

MIRNA: ¿Y qué otros problemas tienes?

LAURA: A ver . . . también estoy muy **(4.)** _____ (*nerviosa*). En general, me

siento **(5.)** _____ (*muy mal*).

MIRNA: Bueno, tal vez yo pueda **(6.)** _____ (*decir qué hacer*).

LAURA: Sí, tal vez. Tú eres una persona que siempre está

(7.) _____ (*contenta*). No sé cómo lo haces.

MIRNA: Bueno, dime . . . ¿por qué crees que te sientes así?

LAURA: Creo que en el trabajo me **(8.)** _____ (*piden*) mucho. Hay

demasiado que hacer.

MIRNA: ¿Por qué no intentas **(9.)** _____ (*estar tranquila*) un poco?

LAURA: Es que no sé cómo hacerlo. La verdad, ya no **(10.)** _____ (*puedo*) más.

MIRNA: Pues te recomiendo que hagas yoga. Cuando yo hice yoga, aprendí a

(11.) _____ (*tomar aire*) mejor. Eso me ayuda a sentirme

bien siempre.

LAURA: ¿Sabes qué? No es mala idea. Esta noche me inscribo en una clase de yoga.

Realidades 3

Capítulo 3

Nombre _____

Hora _____

Fecha _____

Practice Workbook **3-10**

Instructora de ejercicio

María es instructora en un club deportivo. Ahora le enseña a un grupo nuevo lo que tiene que hacer en el programa de ejercicios. Mira los dibujos y completa sus instrucciones. Hay un verbo del recuadro que se usa varias veces.

| hacer | buscar | estirar | flexionar | descansar |

Modelo  Sugiero que Uds. _hagan ejercicios aeróbicos_ para empezar.

1. Primero, _____ un buen lugar para hacer ejercicio.

2. Quiero que Juan _____ la pierna.

3. Después, recomiendo que todos nosotros _____.

4. Es bueno que todo el mundo _____ también.

5. Marta, te aconsejo que _____ los músculos.

6. Aconsejo que los más fuertes _____.

7. Después de hacer ejercicio, exijo que Uds. _____

Go Online WEB CODE jed-0307 PHSchool.com

Realidades 3

Capítulo 3

Nombre _____

Fecha _____

Hora _____

Practice Workbook **3-11**

Ser consejero(a)

¿Puedes ayudar a los estudiantes que tienen problemas? Escoge entre las soluciones propuestas y da tu consejo, usando el subjuntivo.

evitar la comida basura	estar menos estresado(a)
ir al cine con amigos(as)	ser más paciente con los (las) amigos(as)
hacer ejercicio	saber escoger bien los alimentos
hacer clases de ejercicios aeróbicos	comenzar con ejercicios para entrar en calor
dar un paseo	

Modelo Martín quiere perder peso. ¿Qué recomiendas?
Recomiendo que evite la comida basura.

1. Rosaura se enoja con todo el mundo. ¿Qué es necesario que haga?

   _____

2. Carla y Paula quieren ser más fuertes. ¿Qué sugieres?

   _____

3. No quiero tener calambres cuando corro. ¿Qué es importante que haga?

   _____

4. Nosotros no tenemos energía. ¿Qué es necesario que hagamos?

   _____

5. Estoy siempre muy nerviosa. ¿Qué recomiendas?

   _____

6. Pedro está muy aburrido. ¿Qué aconsejas?

   _____

7. Los estudiantes necesitan estar en forma. ¿Qué es necesario?

   _____

8. Los chicos quieren relajarse. ¿Qué es bueno?

   _____

Realidades 3

Capítulo 3

Nombre _____

Hora _____

Fecha _____

Practice Workbook **3-12**

Los padres y los hijos

Los padres y los hijos no siempre están de acuerdo. A veces los hijos hacen algo, y sus padres quieren que hagan otra cosa. Primero completa la frase del hijo con el verbo adecuado del recuadro. Luego en base a los elementos dados, escribe lo que quieren sus padres, usando el subjuntivo.

| tomar | correr | jugar | levantarse | beber | hacer |

Modelo

JUAN: Yo _____corro_____ en el gimnasio.

MADRE DE JUAN: *Quiero que Juan corra en el parque.*

MELISSA: Yo _____ ejercicios aeróbicos.

1. PADRE DE MELISSA: _____

ROBERTO: Yo _____ jugo de naranja.

2. PADRE DE ROBERTO: _____

CRISTINA: Yo _____ vitaminas.

3. PADRE DE CRISTINA: _____

MARISOL: Yo _____ al fútbol.

4. MADRE DE MARISOL: _____

GABRIEL: Yo _____ tarde en la mañana.

5. PADRE DE GABRIEL: _____

Go Online WEB CODE jed-0309
PHSchool.com

Realidades 3

Capítulo 3

Nombre _____

Hora _____

Fecha _____

Practice Workbook **3-13**

Organizer

I. Vocabulary

Tipos de ejercicio

_____

_____

_____

_____

_____

Estados de ánimo

_____

_____

_____

_____

_____

Elementos de la comida

_____

_____

_____

_____

_____

Aspectos de la nutrición

_____

_____

_____

_____

_____

Síntomas y medicinas

_____

_____

_____

_____

_____

Actividades relacionadas con la salud

_____

_____

_____

_____

_____

Realidades **3**

Capítulo 3

Nombre _____

Hora _____

Fecha _____

Practice Workbook **3-14**

II. Grammar

1. What is the form of the affirmative *tú* commands with regular verbs?

   _____

2. How do you form negative *tú* commands with regular verbs?

   _____

3. What are the irregular affirmative *tú* command forms of these verbs?

   decir _____   hacer _____

   poner _____   ser _____

   tener _____   salir _____

   ir _____   mantener _____

4. How do you form *Ud.* and *Uds.* commands?

   _____

5. Summarize the position of object pronouns with command forms.

   _____

   _____

6. Provide the subjunctive forms of these verbs.

   tomar   **poder**

   _____ _____   _____ _____

   _____ _____   _____ _____

   _____ _____   _____ _____

   pedir   **ir**

   _____ _____   _____ _____

   _____ _____   _____ _____

Realidades ③

Capítulo 4

Nombre _____

Hora _____

Fecha _____

Practice Workbook **4-1**

A ver si recuerdas . . .

¿Cómo se relaciona la gente con los demás?

Irene habla de las relaciones que tienen sus amigos y su familia. Escribe lo que dice con frases completas, usando los verbos reflexivos sugeridos.

Modelo	Leti y yo / llevarse / muy bien

Leti y yo nos llevamos muy bien. _____

1. Patricia y Plácido / verse / durante los fines de semana

   _____

2. mis amigos y yo / hablarse / todos los días por la noche

   _____

3. Carlitos y mi primo / pelearse / cuando juegan al fútbol

   _____

4. tú y yo / escribirse / por correo electrónico

   _____

5. mis padres y nosotros / entenderse / muy bien

   _____

6. Mari Carmen y yo / llamarse / por la tarde

   _____

7. Felipe y Luisa / conocerse / desde hace tres años

   _____

8. mi mamá y mi hermanito / abrazarse / a menudo

   _____

9. Juan, Elena y Gregorio / reunirse /durante los días festivos

   _____

10. Marta y su esposo / quedarse / en casa

   _____

Realidades 3

Capítulo 4

Nombre _____

Hora _____

Fecha _____

Practice Workbook **4-2**

A ver si recuerdas . . .

Los niños y los jóvenes

¿Qué les pasa a estas personas? Mira los dibujos y completa las frases para saber lo que sucede.

Modelo   Manolo _____*se enojó*_____ con Rafael.

1.   Angélica _____ cuando María le

_____ .

2.   Raquel _____ mucho cuando vio el programa
de televisión.

3.   Martín _____ nervioso cuando su amigo

_____ tarde.

4.   Perla y Victoria _____ en el centro.

5.   Margarita y Francisca _____ porque estaban
aburridas.

6.   Anita y Enrique _____ por los juguetes.

7.   Nicolás se puso _____ porque Lorenzo era muy

_____ y no quería hacer nada.

8.   Bertín _____ loco cuando su equipo perdió
el partido.

Go Online WEB CODE jed-0401
PHSchool.com

Realidades 3

Capítulo 4

Nombre _____

Hora _____

Fecha _____

Practice Workbook **4-3**

¿Cómo son los amigos?

A Pedro y Jimena les encanta hablar de los amigos. Lee el diálogo y complétalo con las palabras adecuadas. Luego responde las preguntas.

PEDRO: Jimena, ¿conoces a Sarita Fernández?

JIMENA: Claro. Es una chica muy sincera y **(1.)** _____. Siempre dice la verdad.

PEDRO: Ella trata de no lastimar los sentimientos de sus amigos. Es muy simpática.

Para mí es la persona más **(2.)** _____ que conozco.

JIMENA: Si, además es muy **(3.)** _____. Siempre que nos vemos me da un

gran abrazo.

PEDRO: Es cierto. Sin embargo, siempre se anda mirando en el espejo.

JIMENA: Sí, es bastante **(4.)** _____.

PEDRO: Ella es la novia de Lorenzo, ¿no?

JIMENA: Sí. Pero a mí no me gusta él.

PEDRO: ¿Por qué? Él siempre me escucha y me aconseja. Entiende mis problemas y es muy

(5.) _____. Me ayuda y me **(6.)** _____ en los momentos difíciles.

JIMENA: Pues a mí me parece que sólo piensa en sí mismo. Es **(7.)** _____.

PEDRO: No te creo. Lo único malo que tiene Lorenzo es que le gusta saber lo que hacen

y dicen los demás. Es un poco **(8.)** _____.

JIMENA: ¿Un poco? ¡Yo diría que mucho! Y luego le cuenta todo a su hermana.

PEDRO: Ella sí que es **(9.)** _____. Le encanta hablar de los demás.

JIMENA: Menos mal que nosotros no somos así.

PEDRO: Sí. Menos mal.

10. ¿Cuáles son dos cualidades buenas de Sarita Fernández?

_____

11. ¿Cuáles son dos cualidades malas de Lorenzo?

_____

Realidades 3

Capítulo 4

Nombre _____

Fecha _____

Hora _____

Practice Workbook **4-4**

Amigos íntimos

Fernando habla sobre cómo debe ser un buen amigo. Completa lo que dice con las palabras que faltan. Pon las letras de las palabras en orden.

caetap	lagero	oayop	clddsuaiae
iadmast	raudarg	ratnoc	númco

1. Para mí, es muy importante tener buenos amigos. La _____ es muy importante.

2. Es necesario que un amigo sepa _____ un secreto.

3. Si tu amigo les cuenta tus secretos a otros, tú no puedes _____ con él.

4. Es bueno si los amigos tienen interés en las mismas cosas. Los buenos amigos siempre tienen mucho en _____.

5. Un buen amigo no trata de cambiarte. Te _____ tal como eres.

6. Yo también soy un buen amigo. Cuando mis amigos tienen momentos felices, yo me _____ por ellos.

7. Y también los _____ en los momentos tristes.

8. Un buen amigo debe ser honesto, comprensivo y considerado. Son las _____ más importantes, en mi opinión.

Go Online WEB CODE jed-0402 PHSchool.com

Realidades **3**

Capítulo 4

Nombre _____

Fecha _____

Hora _____

Practice Workbook **4-5**

¿Cómo deben ser los amigos?

Los estudiantes expresan sus ideas sobre los amigos y la amistad. Escribe lo que dicen, formando frases con los elementos dados.

 alegrarse   temer   sorprenderse   preocuparse   sentir

Modelo

Los amigos *(pasar / apoyar)* mucho tiempo juntos.

Me alegro que los amigos pasen mucho tiempo juntos.

1. Tú *(tener / saludarse)* muchos amigos aquí.

_____

2. Uds. no *(temer / pasar)* mucho tiempo con Pablo.

_____

3. Carla no *(saber / alegrarse)* guardar secretos.

_____

4. Esos jóvenes no *(confiar / tener)* mucho en común.

_____

5. Paula no *(guardar / apoyar)* a Marcos.

_____

6. Siempre *(poder / temer)* contar con Susana.

_____

7. Raúl *(desconfiar / esperar)* de sus amigos.

_____

 WEB CODE
jed-0403
PHSchool.com

Realidades 3

Capítulo 4

Nombre _____

Hora _____

Fecha _____

Practice Workbook **4-6**

Conversaciones entre amigas

Julia y Daniel tienen problemas en su relación. Completa estas conversaciones con *por* o *para* para saber lo que pasa.

LAURA: Elena, te llamé **(1.)** _____ pedirte un consejo. Estoy muy preocupada

              (2.) _____ Julia y Daniel. ¿Tienes tiempo ahora **(3.)** _____ hablar?

ELENA: **(4.)** _____ supuesto que sí, Laura. Dime lo que pasa.

LAURA: No lo vas a creer, pero ellos se pelearon **(5.)** _____ algo. Ayer yo caminaba

              (6.) _____ el parque **(7.)** _____ volver a casa y los vi. Estuvieron discutiendo

              (8.) _____ mucho tiempo.

ELENA: ¿No oíste lo que decían?

LAURA: No me acerqué. No quise ser entrometida.

ELENA: Julia es mi amiga. Hoy **(9.)** _____ la noche voy a llamarla **(10.)** _____

              teléfono.

Elena llama a Julia.

ELENA: ¿Julia? Te habla Elena. Llamé **(11.)** _____ ver cómo estabas.

JULIA: Hola, Elena. Pues, no muy bien. Daniel y yo no nos vamos a ver más.

ELENA: ¿Cómo? Julia, ¡lo siento! ¿Qué pasó?

JULIA: En los últimos meses, Daniel cambió mucho. Antes era muy comprensivo y

              cariñoso. Yo podía contar con él **(12.)** _____ todo, pero ahora es muy egoísta.

              (13.) _____ ejemplo, nunca me ayuda cuando lo necesito.

ELENA: ¿**(14.)** _____ qué crees que cambió tanto?

JULIA: No tengo idea, pero sé que no puedo seguir así.

ELENA: Entonces, es mejor no verlo más.

JULIA: Sé que tienes razón, pero **(15.)** _____ mí es muy difícil.

Go Online WEB CODE jed-0404
PHSchool.com

En familia

La señora Almudena dice lo que piensa de todo lo que pasa en su familia. Primero completa la pregunta con *por* o *para*. Luego escribe la respuesta, usando los elementos sugeridos para formar frases. Usa el subjuntivo o el indicativo, según el caso.

 alegrarse   temer   sorprenderse   preocuparse   sentir

Modelo

¿Ellos van a discutir ___*por*___ ese programa de televisión?
Temo que ellos discutan por ese programa de televisión.

1. ¿Ya salieron los niños _____ la escuela?

_____

2. ¿Andrés pasea _____ el parque todas las noches?

_____

3. ¿Jorge y Ana fueron _____ la playa?

_____

4. ¿Luis no se preocupa _____ los demás?

_____

5. ¿Tu hermana y tú se hablan _____ teléfono?

_____

6. ¿Ustedes no terminarán el trabajo _____ el martes?

_____

Conversación

A. Completa la conversación con los elementos apropiados del recuadro. Pon las letras de las palabras en orden.

ncoliosfct	iafeendircs de iopónni	lendnmadotei
roponde	imecitacrr	epsain ne ís simmo
et cciorenlsiate	ghaan als cpaes	abloraco

ELENA: ¿Por fin **(1.)** _____ con tu hermano?

TOMÁS: No. Yo no **(2.)** _____ a Federico por **(3.)** _____ delante de mis papás.

ELENA: Tu hermano tiene buenas cualidades. Puede ser un **(4.)** _____ entre Uds.

TOMÁS: Sí, Federico es simpático y cortés pero también es egoísta y nunca

(5.) _____ con nadie. Sólo **(6.)** _____ .

Por eso ocurren **(7.)** _____ en mi familia.

ELENA: Entre hermanos siempre hay **(8.)** _____ . Ojalá que

(9.) _____ pronto.

B. Completa las frases de una manera lógica.

Modelo Cuando dos personas deciden hacer lo mismo, se ponen ___*de acuerdo*___ .

1. Cuando un amigo te ignora, no _____ .

2. Si algo malo ocurre pero tú no hiciste nada, no _____ .

3. Si estudias más, tus notas van a _____ .

4. Una persona que está equivocada no _____ .

5. Si no entiendes por qué tu amigo se portó mal, pídele una _____ .

6. Cuando tengo una _____ con un amigo le grito y luego me voy.

Go Online WEB CODE jed-0406 PHSchool.com

La encuesta

Te están haciendo una encuesta sobre la amistad. Escribe respuestas a las preguntas, cambiando las palabras subrayadas por palabras del vocabulario.

Modelo   ¿Tú y tus amigos se ayudan?

Sí, mis amigos y yo colaboramos.

1. ¿Tus amigos no te hacen caso?

No, _____

2. ¿Tú y tus amigos a veces no piensan lo mismo?

· Sí, _____

3. ¿Tu mejor amigo tiene una buena manera de actuar?

Sí, _____

4. ¿Tu mejor amigo a veces dice que haces algo mal?

No, _____

5. Cuando se pelean, ¿tus amigos te dicen "Lo siento"?

Sí, _____

6. Después de pelearse, ¿tú y tus amigos hacen las paces?

Sí, _____

7. Cuando están equivocados, ¿tus amigos lo aceptan?

Sí, _____

8. ¿Tus amigos son egoístas?

No, _____

Situaciones

Sugiere una solución para cada una de estas situaciones. Escoge el verbo o expresión más apropiado del recuadro y responde con un mandato con *nosotros*.

refugiarse allí	ponerse de acuerdo	hacer las paces	guardar su secreto
pedirle el dinero	no mentirle	no desconfiar de él	buscarlo

Modelo Necesito hacer ejercicio. (salir a correr)

Salgamos a correr. _____

1. Alicia me dijo que no sale más con Felipe Ramírez y que no quiere que nadie lo sepa.

_____

2. Alfredo quiere que tengamos confianza en lo que dice.

_____

3. Yo creo que papá nos dará los mil pesos que necesitamos.

_____

4. No quiero que tú y yo sigamos enojados.

_____

5. Cada uno quiere hacer otra cosa. Tenemos que decidirnos.

_____

6. Creo que nuestro gato se perdió.

_____

7. Empieza a caer granizo.

_____

8. El profesor exige que le digamos la verdad.

_____

Go Online WEB CODE jed-0407
PHSchool.com

Realidades 3

Capítulo 4

¿Qué sucede con los míos?

Mira los dibujos y describe lo que ves en dos frases completas. La segunda frase debe tener un pronombre posesivo.

Modelo

Los padres de
Lorenzo

mis padres

estar enojados

Los padres de Lorenzo

están enojados.

Los míos no están enojados.

1. el novio de Luisa   tu novio

ser celoso _____

_____

_____

2. las amigas de
Francisca   nuestras amigas

ser chismosas _____

_____

_____

3. la tía de Pablo   su tía (de ustedes)

ser cariñosa _____

_____

_____

4. el hijo de los Valdez   el hijo de usted

tener la culpa _____

_____

_____

5. la explicación de
tu profesora   la explicación de
mi profesora

ser buena _____

_____

_____

Go Online WEB CODE jed-0409
PHSchool.com

Realidades 3

Capítulo 4

Nombre _____

Fecha _____

Hora _____

Practice Workbook **4-12**

¿Cuál debemos escoger?

¡Tu amigo no puede decidirse! Te hace varias preguntas sobre algunas personas para que tú le digas qué hacer. Responde las preguntas de tu amigo, rechazando la primera posibilidad y aceptando la segunda. Usa mandatos con *nosotros* y pronombres posesivos.

Modelo	¿A quién le debemos pedir perdón? ¿A tu amigo o al amigo de Carlos?
	No le pidamos perdón al mío. Pidámosle perdón al suyo.

1. ¿A quién debemos escoger? ¿A nuestro capitán o al capitán del otro equipo?

   _____

2. ¿A quién debemos criticar? ¿A los profesores de Paula o a nuestros profesores?

   _____

3. ¿A quiénes les debemos hacer caso? ¿A los padres de nuestros amigos o a mis padres?

   _____

4. ¿A quién debemos apoyar? ¿A nuestra entrenadora o a la entrenadora de ellos?

   _____

5. ¿Con quiénes debemos contar? ¿Con tus amigas o con las amigas de Silvia?

   _____

6. ¿Qué problemas debemos resolver? ¿Mis problemas o los problemas de ustedes?

   _____

7. ¿Qué secretos debemos guardar? ¿Los secretos de Daniela o tus secretos?

   _____

8. ¿Cuál debemos empezar? ¿La tarea mía o la tarea de mis hermanos?

   _____

Go Online
WEB CODE
jed-0410
PHSchool.com

Realidades 3

Capítulo 4

Nombre _____

Hora _____

Fecha _____

Practice Workbook **4-13**

Organizer

I. Vocabulary

Cualidades (adjetivos)

_____

_____

_____

_____

_____

_____

Sustantivos que describen relaciones humanas

_____

_____

_____

_____

_____

_____

Verbos que expresan conflictos

_____

_____

_____

_____

_____

_____

Verbos que expresan emociones y sentimientos

_____

_____

_____

_____

_____

_____

Expresiones que describen relaciones humanas

_____

_____

_____

_____

_____

_____

_____

_____

_____

_____

II. Grammar

1. List six expressions of emotion that are followed by the subjunctive.

_____   _____

_____   _____

_____   _____

2. What does the preposition *por* indicate?

_____

_____

3. What does the preposition *para* indicate?

_____

_____

4. List two expressions with the preposition *por.*

_____   _____

5. How do you form *nosotros* commands?

_____

_____

6. List the possessive pronouns corresponding to each of the subject pronouns.

	masculine sing.	feminine sing.	masculine plural	feminine plural
yo	_____	_____	_____	_____
tú	_____	_____	_____	_____
él, ella, Ud.	_____	_____	_____	_____
nosotros(as)	_____	_____	_____	_____
vosotros(as)	_____	_____	_____	_____
ellos, ellas, Uds.	_____	_____	_____	_____

Go Online WEB CODE jed-0411
PHSchool.com

Realidades 3

Capítulo 5

Nombre _____

Hora _____

Fecha _____

Practice Workbook **5-1**

A ver si recuerdas . . .

¿En qué están trabajando?

Un amigo te pregunta quiénes están haciendo varios trabajos. Responde sus preguntas con frases completas.

Modelo ¿Quién enseña una clase?

La profesora está enseñando una clase.

1. ¿Quién saca fotos?

   _____

2. ¿Quién apaga el incendio?

   _____

3. ¿Quién investiga el crimen?

   _____

4. ¿Quién sirve comida en el restaurante?

   _____

5. ¿Quién te ayuda a planear un viaje?

   _____

6. ¿Quién le dice al atleta lo que tiene que hacer?

   _____

7. ¿Quién habla en el programa de radio?

   _____

8. ¿Quién te limpia los dientes?

   _____

A ver si recuerdas . . .

Hay mucho que hacer

A. Sara está diciéndoles a sus hermanitos que hagan los quehaceres, pero ellos ya están haciéndolos. Escribe las respuestas de sus hermanitos usando los pronombres apropiados.

| Modelo | José, recoge la basura del césped. |

_____*Ya la estoy recogiendo.*_____ (o) _____*Ya estoy recogiéndola.*_____

1. José y María, laven el coche.

   _____ (o) _____

2. María, limpia los baños.

   _____ (o) _____

3. María y José, paseen al perro.

   _____ (o) _____

4. José, pasa la aspiradora en la sala.

   _____ (o) _____

B. Luis es director de cine y está haciendo una película sobre un terremoto. Usa los pronombres apropiados para escribir los mandatos que les da a los actores.

| Modelo | Los detectives deben llevar a las víctimas al hospital. |

Llévenlas al hospital.

1. Los ancianos deben llamar a la policía.

   _____

2. Manuel y Antonia deben comenzar la explosión en el laboratorio.

   _____

3. Los médicos no deben abrir el consultorio.

   _____

4. Los voluntarios no deben apagar el incendio.

   _____

Go Online WEB CODE jed-0501
PHSchool.com

Nombre _____   Hora _____

Fecha _____   Practice Workbook **5-3**

En la compañía

En esta compañía trabajan muchas personas. Contesta las preguntas en base a la ilustración. Escribe frases completas.

1. ¿Qué puesto tiene Margarita en la compañía?

_____

2. ¿Qué tiene José en la mano?

_____

3. ¿Quién es el (la) gerente?

_____

4. ¿Qué trabajo tiene Pedro?

_____

5. ¿Qué trabajo hace Carlos?

_____

6. ¿Quién crees que va a tener una entrevista de trabajo?

_____

Realidades 3

Capítulo 5

Nombre _____

Hora _____

Fecha _____

Practice Workbook **5-4**

¿Qué puedes hacer?

Lee estos anuncios clasificados. Luego escribe qué persona debe responder a cada anuncio y cómo debe ser esa persona.

Modelo   Se necesita empleado para trabajar con atletas en club deportivo. Tiene que ser amable y considerado.

Se busca *entrenador agradable.* _____

1. Se necesita alguien que cuide niños. Debe trabajar desde las ocho hasta las once de la mañana.

   Se busca _____

2. Se solicita alguien que trabaje con niños en el campamento. Debe poder trabajar cuando se lo pidamos.

   Se busca _____

3. Club deportivo busca a alguien que cuide a la gente en la piscina. Debe trabajar desde las nueve de la mañana hasta las cinco de la tarde.

   Se busca _____

4. Compañía necesita alguien que entregue paquetes dentro de la oficina. Debe llegar al trabajo a tiempo, todos los días.

   Se busca _____

5. Se necesita alguien que conteste los teléfonos. Debe traer una carta de recomendación.

   Se busca _____

6. Se necesita alguien que prepare platos deliciosos. Debe saber mucho de alimentación.

   Se busca _____

Go **O**nline   WEB CODE jed-0502   PHSchool.com

Entrevista para un nuevo puesto

La Sra. Cádiz está entrevistando gente para unos puestos en su compañía. Escribe las respuestas usando el presente perfecto y los pronombres apropiados.

Modelo ¿Reparó Ud. computadoras como las nuestras?

Muchas veces *las he reparado.* _____

1. ¿Se llevaron bien Ud. y su gerente?

   Siempre _____

2. ¿Repartió Ud. paquetes antes?

   Sí, _____

3. ¿Atendió Ud. a los clientes de su compañía?

   Muchas veces _____

4. ¿Tuvo Ud. beneficios en su trabajo?

   Siempre _____

5. ¿Solicitó Ud. empleo antes?

   Nunca _____

6. ¿Escribió Ud. anuncios clasificados?

   Muchas veces _____

7. ¿Fue Ud. mensajero antes?

   No, nunca _____

8. ¿Llenó Ud. la solicitud de empleo?

   Sí, ya _____

El nuevo puesto de Jorge

Ramiro y Antonio hablan de Jorge y su búsqueda de trabajo. Para saber lo que ha pasado, completa el diálogo usando el pluscuamperfecto del verbo que corresponda.

RAMIRO: No sabía que Jorge **(1.)** _____ *(conseguir / tener / atender)* trabajo.

ANTONIO: Bueno, sabías que él **(2.)** _____ *(querer / salir / ser)* cambiar de trabajo.

RAMIRO: Sí, él me **(3.)** _____ *(preguntar / decir / cumplir)* que no le

gustaba el trabajo que tenía. Pero yo no me di cuenta de que él ya

(4.) _____ *(querer / empezar / reparar)* a buscar otro puesto.

ANTONIO: Jorge **(5.)** _____ *(recibir / escribir / saber)* muchas cartas y

(6.) _____ *(repartir / leer / reparar)* muchos anuncios clasificados.

Él **(7.)** _____ *(solicitar / hacer / ir)* mucho para buscar trabajo.

RAMIRO: ¿Y no encontró nada?

ANTONIO: No, las compañías siempre le **(8.)** _____ *(dar / presentarse / estar)*

el puesto a otra persona. ¡Hay tanta gente que busca trabajo! Él y yo

(9.) _____ *(expresar / hablar / encargarse)* mucho del problema.

RAMIRO: Entonces, ¿qué hizo finalmente?

ANTONIO: Supo que alguien **(10.)** _____ *(dejar / hacer / saber)*

su trabajo en la biblioteca de la universidad y se presentó enseguida.

RAMIRO: Y se lo dieron a él. ¡Qué suerte!

Go Online WEB CODE jed-0504
PHSchool.com

Realidades ❸

Capítulo 5

Nombre _____

Fecha _____

Hora _____

Practice Workbook **5-7**

En el mundo del trabajo

Escribe diálogos sobre lo que pasa en el trabajo. Usa el presente perfecto y el pluscuamperfecto para decir que las siguientes cosas ya se habían hecho cuando la gente llegó.

Modelo Juan / encender las luces / la empleada
— *¿Juan ha encendido las luces?*
— *No, la empleada ya las había encendido.*

1. tú / abrir las cartas / la secretaria

_____

_____

2. Uds. /escribir el horario de hoy / el gerente

_____

_____

3. el dueño / atender a los clientes / la recepcionista

_____

_____

4. tú/ leer las cartas de recomendación / el jefe

_____

_____

5. el agente / poner el correo en la mesa / yo

_____

_____

6. el repartidor / traer el almuerzo / el secretario

_____

_____

7. ellos / terminar el informe / Juan

_____

_____

Realidades 3

Capítulo 5

Nombre _____

Fecha _____

Hora _____

Practice Workbook **5-8**

¿Adónde debo ir?

Sugiere a tu amigo(a) adónde debe ir para participar en la vida de su comunidad y para ayudar a los demás.

Modelo —Quiero ayudar a las personas que no tienen hogar.
—*Debes ir al refugio para gente sin hogar.*

1. —Quiero ver los cuadros que han pintado mis vecinos.

_____

2. —Quiero ayudar a la gente como mis abuelos.

_____

3. —Quiero servirles comida a las personas pobres.

_____

4. —Quiero jugar con los niños que han tenido accidentes.

_____

5. —Quiero hacer un proyecto de arte y practicar deportes.

_____

WEB CODE
jed-0506
PHSchool.com

Realidades ③

Capítulo 5

Nombre _____

Fecha _____

Hora _____

Practice Workbook **5-9**

Cosas que pasan en la comunidad

Unos estudiantes hablan de lo que está pasando en su comunidad. Vuelve a escribir las frases, cambiando la(s) palabra(s) subrayada(s) por otra(s) palabra(s).

Modelo   Quiero ayudar a <u>las personas que no tienen casa.</u>

Quiero ayudar a la gente sin hogar. _____

1. Nosotros <u>no queremos</u> que cierren el centro de la comunidad.

   _____

2. Ellos <u>sí quieren</u> que lo cierren.

   _____

3. Los maestros deben <u>enseñar</u> a los niños.

   _____

4. Estos jóvenes están tratando de <u>obtener dinero</u> para la campaña.

   _____

5. Creo que el centro recreativo va a <u>ser bueno para</u> la comunidad.

   _____

6. Yo no entiendo las <u>reglas</u> de inmigración.

   _____

7. <u>No puedo de ninguna manera</u> ir al hogar de ancianos hoy.

   _____

8. Quiero <u>dar</u> comida para el comedor de beneficencia.

   _____

9. <u>Me gustaría mucho</u> ayudar a la gente pobre.

   _____

Realidades 3

Capítulo 5

Nombre _____

Fecha _____

Hora _____

Practice Workbook **5-10**

En la comunidad

José, Reynaldo y Gabriela están hablando de las cosas que pasan en su comunidad. Lee lo que dicen y luego responde las preguntas. La primera respuesta ya está escrita.

JOSÉ: ¿Escucharon la noticia? Se construyó un nuevo centro recreativo. ¡Eso sí es bueno!

GABRIELA: Sí, porque los jóvenes necesitamos un lugar para divertirnos.

JOSÉ: ¿Sabían que también se abrió un comedor de beneficencia?

REYNALDO: Eso es excelente. Ayudará a la gente pobre.

GABRIELA: Hay tanta gente pobre. Es una lástima.

JOSÉ: Ahora pueden usar el centro de rehabilitación también.

REYNALDO: Sí. La comunidad cambió las leyes. Eso me alegra.

GABRIELA: Mi padre ayudó a que no cerraran el hogar de ancianos.

JOSÉ: ¿El hogar de ancianos no cerró? ¡Qué bueno!

GABRIELA: Lo bueno es que los ancianos se pueden quedar allí.

1. ¿Qué dice José sobre el nuevo centro recreativo?
   Él dice que es bueno que hayan construido un nuevo centro recreativo.

2. ¿Qué dice Reynaldo sobre el comedor de beneficencia?

   _____

3. ¿Qué dice Gabriela de la gente pobre?

   _____

4. ¿Qué dice Reynaldo de las leyes?

   _____

5. ¿Qué dice José del hogar de ancianos?

   _____

6. ¿Qué dice Gabriela de los ancianos?

   _____

Realidades ③

Capítulo 5

Nombre _____

Hora _____

Fecha _____

Practice Workbook **5-11**

¿Qué debo hacer?

Usa los dibujos para decirle a tu amigo(a) lo que debe hacer. Primero completa la pregunta con un adjetivo demostrativo. Luego escribe la respuesta con un pronombre demostrativo. Recuerda que el dibujo de la derecha es el que está más cerca de ti.

Modelo

—¿Debo hablar con ___*este*___ enfermo?

—*No, con éste no. Con aquél.* _____

1.

—¿Debo donar _____ faldas?

— _____

2.

—¿Debo trabajar para _____ campaña política?

— _____

3.

—¿Debo participar en _____ manifestación?

— _____

4.

—¿Debo ir a _____ centro recreativo?

— _____

5.

—¿Debo sembrar _____ árboles?

— _____

Realidades ③

Capítulo 5

Nombre _____

Fecha _____

Hora _____

Practice Workbook **5-12**

¿Te gusta lo que han hecho los jóvenes?

¿Qué opina la gente acerca de lo que hacen los jóvenes? Completa las frases, usando el presente perfecto del subjuntivo y los adjetivos demostrativos. Recuerda que el dibujo de la izquierda es el que está mas cerca de ti.

Modelo

ayudar / pobres

Estamos orgullosos *de que estos* _____

jóvenes hayan ayudado a los pobres.

1.

participar / campaña

Nos sorprende _____

_____

2.

(no) juntar / fondos

Es una lástima _____

_____

3.

sembrar / árboles

Nos alegra _____

_____

4.

donar / ropa

Estamos orgullosos _____

_____

5.

(no) proteger / medio ambiente

Es triste que _____

_____

6.

asistir / marcha

Es bueno _____

_____

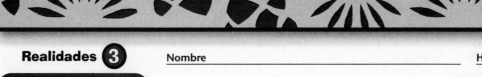

Realidades 3

Capítulo 5

Nombre _____

Fecha _____

Hora _____

Practice Workbook **5-13**

Organizer

I. Vocabulary

Cualidades y características

_____
_____
_____
_____
_____
_____

Lugares en la comunidad

_____
_____
_____
_____
_____
_____

Palabras para la entrevista

_____
_____
_____
_____
_____

Acciones

_____
_____
_____
_____
_____

Palabras para el trabajo

_____
_____
_____
_____
_____
_____

La comunidad

_____
_____
_____
_____
_____
_____

Realidades 3

Capítulo 5

Nombre _____

Fecha _____

Hora _____

Practice Workbook **5-14**

Organizer

II. Grammar

1. How do you form the present perfect tense?

   _____

2. How do you form the pluperfect tense?

   _____

3. How do you form the present perfect subjunctive?

   _____

4. Conjugate the verb *cantar*
   in the pluperfect.

   Conjugate the verb *escribir* in
   the present perfect subjunctive.

   _____ _____   _____ _____

   _____ _____   _____ _____

   _____ _____   _____ _____

5. Fill in the chart with the demonstrative adjectives and pronouns. Write the masculine, feminine, singular, and plural forms for each.

	Close to you	Close to the person you are talking to	Far from both of you
Adjectives			
Pronouns			

6. Give the forms of the pronouns that refer to an idea, or something that has not been identified.

   _____

   _____

   _____

WEB CODE
jed-0511
PHSchool.com

A ver si recuerdas . . .

¿Quién conoce a quién?

Tú y tus amigos conocen a personas importantes. Completa las frases para decir a quiénes conocen, y qué saben hacer esas personas.

repara coches	escribe poemas	baila muy bien
cura perritos	actúa muy bien	hace esculturas de piedra

Marta *conoce a un cantante que sabe cantar*
canciones.

Modelo

Pedro y Eugenia _____

1. _____.

Beatriz _____

2. _____.

Sandra y yo _____

3. _____.

Yo _____

4. _____.

Fernando _____

5. _____.

Tú _____

6. _____.

Go Online WEB CODE
jed-0601
PHSchool.com

Realidades 3

Capítulo 6

Nombre _____

Fecha _____

Hora _____

Practice Workbook **6-2**

A ver si recuerdas . . .

Dice que . . .

Un amigo te pide que le expliques lo que dicen algunos anuncios del periódico. Lee los siguientes anuncios y escribe una frase explicando lo que dice cada uno.

¿Animales enfermos?
Los veterinarios de "Cuidanimales" están aquí para cuidarlos.

Modelo   *En "Cuidanimales" se cuidan animales enfermos.*

¿Necesita disquetes?
En "Compucasa" los vendemos.

1. _____.

¿Televisor roto?
En "Electrolandia" lo arreglamos.

2. _____.

¿Quiere vender su computadora usada?
La compramos en "Tecnitienda".

3. _____.

¿El coche no anda?
En "Autotaller" lo reparamos.

4. _____.

¿Quiere un mural?
En "Artestudio" lo pintamos.

5. _____.

¿Quiere una casa?
"Fernández y Compañía" la construirá.

6. _____.

Go Online
WEB CODE jed-0601
PHSchool.com

Realidades 3

Capítulo 6

Nombre _____

Hora _____

Fecha _____

Practice Workbook **6-3**

¿A qué se dedican?

Mira los dibujos de las siguientes personas haciendo diferentes trabajos. Completa las frases con las palabras que faltan para describir el trabajo que hace cada una.

Modelo

¿A qué se dedica Ramiro?

Ramiro es programador. _____

1. ¿A qué se dedica Isabel? _____.

2. ¿A qué se dedica Marcelo? _____.

3. ¿A qué se dedica Federico? _____.

4. ¿A qué se dedica Pedro? _____.

5. ¿A qué se dedica Juana? _____.

6. ¿A qué se dedica Enrique? _____.

Realidades 3

Capítulo 6

Nombre _____

Fecha _____

Hora _____

Practice Workbook **6-4**

Hablemos del futuro

Tu maestra te habla de algunos jóvenes y sus intereses. Escribe lo que va a ser cada uno algún día.

Modelo   Octavio hace unos platos riquísimos.

Octavio será cocinero. _____

1. Matilde es bilingüe y le gusta traducir libros.

   _____

2. A Mateo le gusta dibujar edificios y casas.

   _____

3. Lidia quiere tener un puesto en una oficina en donde se encargará de otros empleados.

   _____

4. Sofía y Roberto estudian derecho. No les interesa ser jueces.

   _____

5. Ana se encarga del dinero de su familia y le encantan los números.

   _____

6. Gabriel y su esposa Felisa quieren desempeñar un cargo en el banco.

   _____

7. Laura quiere dedicarse a corregir el trabajo de otros escritores.

   _____

8. Andrés dice que nunca se va a casar.

   _____

Go Online WEB CODE jed-0602
PHSchool.com

¿Qué harán en el futuro?

¿Qué profesión correspondería a estos jóvenes? Escoge la situación más lógica del recuadro y completa las descripciones.

aprender a ser peluquera	tener que mudarse a otra ciudad
querer trabajar de voluntarios	dedicarse a las finanzas
seguir una carrera de arquitecto	hacerse diseñadoras
abrir su propia empresa	

Modelo A Micaela le gusta arreglarles el pelo a sus amigas.
Por eso, aprenderá a ser peluquera. _____

1. A Luisa y Carmen les fascina la moda y la ropa.

_____

2. En mi ciudad no hay universidad que ofrezca los programas que yo quiero.

_____

3. A ti siempre te han fascinado los edificios viejos y las casas modernas.

_____

4. A Juan y Alfredo les encanta la economía.

_____

5. Sonia y yo queremos ayudar a los ancianos. No nos importa si ganamos dinero o no.

_____

6. Pablo no quiere trabajar para ningún jefe.

_____

Realidades 3

Capítulo 6

Nombre _____

Fecha _____

Hora _____

Practice Workbook **6-6**

¿Qué será?

¿Qué hacen estas personas? Lee las descripciones sobre las actividades de estas personas. Luego usa el futuro de probabilidad para decir lo que crees que hacen.

asistir a la universidad	querer ser agricultores
trabajar de redactora	hacerse abogado(a)
estudiar para ser ingeniero	buscar el puesto de contador
ser científicos	

Modelo   No creo que Juan Morales trabaje. Siempre lo veo con muchos libros.
Asistirá a la universidad.

1. Martín y Eva dicen que no quieren quedarse en la ciudad. Quieren vivir en el campo.

   _____

2. Tú siempre te encargas del dinero de todos los clubes.

   _____

3. Alicia siempre ve si algo está mal escrito en las composiciones de sus amigos.

   _____

4. A Ramiro le encantan los puentes. Siempre nos explica cómo han sido construidos.

   _____

5. A mí me gustan las leyes y los derechos de los ciudadanos.

   _____

6. Mi tío y mi tía trabajan en un laboratorio haciendo investigaciones.

   _____

Go Online WEB CODE jed-0604
PHSchool.com

Realidades 3

Capítulo 6

Nombre _____

Fecha _____

Hora _____

Practice Workbook **6-7**

¿Qué estarán haciendo?

Estos amigos se hacen preguntas y respuestas sobre varias personas, tratando de imaginar lo que hacen. Escribe los diálogos, usando el futuro de probabilidad de los verbos.

Modelo   — dónde / el abuelo / estar / durmiendo / en la cama
             — *¿Dónde estará el abuelo?*
             — *Estará durmiendo en la cama.*

1. qué / nosotros / comer / esta noche / mamá / tener / algunas ideas

   _____

   _____

2. dónde / aquel médico / trabajar / atender / el hospital del barrio

   _____

   _____

3. por qué / Ana María / ir / la universidad / querer /ser científica

   _____

   _____

4. cuándo / Pablo / estudiar / de noche

   _____

   _____

5. adónde / tus amigos / viajar / ir / Venezuela

   _____

   _____

6. cuántos idiomas / Francisco / hablar / saber / por lo menos dos

   _____

   _____

Realidades 3

Capítulo 6

Nombre _____

Fecha _____

Hora _____

Practice Workbook **6-8**

¿Cómo será el futuro?

Tu amiga te dice cómo piensa ella que serán las cosas en el futuro. Cambia las palabras o frases entre paréntesis por sus sinónimos.

Modelo Las personas podrán (*hablarse*) ___*comunicarse*___ a través de la televisión.

1. La vida se va a (*durar más tiempo*) _____ .

2. La gente podrá (*saber*) _____ de las noticias más rápidamente.

3. Se van a (*resolver*) _____ ciertas enfermedades.

4. Las videocaseteras van a (*no existir*) _____ .

5. Habrá más (*necesidad*) _____ de teléfonos celulares.

6. Se va a (*encontrar*) _____ que hay vida en otros planetas.

7. Los coches eléctricos van a (*hacer que haya menos*) _____ la contaminación.

8. Los aparatos de DVD van a (*tomar el lugar de*) _____ las videocaseteras.

9. Creo que se va a inventar una máquina que pueda (*imaginar lo que va a pasar*) _____ el futuro.

10. Desafortunadamente, creo que va a (*haber más*) _____ el número de fábricas.

11. La gente tendrá más oportunidad de comprar una (*casa o apartamento*) _____ .

12. Yo también pienso que habrá más demanda en la industria de la (*hoteles y empresas turísticas*) _____ .

Go Online
WEB CODE
jed-0606
PHSchool.com

Hablando del futuro . . .

Mateo y Elena están hablando del futuro. Completa las palabras o expresiones que faltan.

MATEO: ¿Verdad que es interesante pensar en los **(1.)** ___ v ___ ___ c ___ ___ tecnológicos y científicos?

ELENA: Ah sí. Por ejemplo, con la energía solar, se puede calentar las viviendas sin **(2.)** ___ ___ ___ t ___ m ___ ___ ___ ___ el medio ambiente.

MATEO: Y con la televisión **(3.)** ___ í ___ ___ ___ t ___ l ___ ___ ___ nos enteramos inmediatamente de lo que pasa en el mundo.

ELENA: La gente puede **(4.)** ___ ___ m ___ n ___ ___ ___ ___ ___ desde muchos lugares gracias al teléfono celular.

MATEO: Dicen que en el futuro trabajaremos menos y que tendremos más tiempo de **(5.)** ___ ___ i ___. ¡Eso sí me gusta!

ELENA: Y vivirás más años gracias a los avances en **(6.)** ___ ___ n ___ t ___ ___ ___.

MATEO: Sí. Creo que con **(7.)** ___ l ___ s ___ de los genes se van a curar muchas **(8.)** ___ n ___ ___ ___ ___ ___ d ___ ___ ___ s.

ELENA: Sí. Tienes razón.

MATEO: A mí me encanta la realidad virtual. Se vive una experiencia **(9.)** ___ o ___ o   s ___ ___ u ___ ___ ___ real.

ELENA: Es importante **(10.)** ___ ___ n ___ ___ ___ n ___ u ___ ___ t ___ que la informática es la profesión del futuro.

MATEO: Sí. Creo que cada vez habrá más trabajo en este **(11.)** ___ ___ m ___ ___.

ELENA: Definitivamente, en el futuro se van a **(12.)** ___ n ___ ___ ___ t ___ ___ muchas cosas nuevas.

Realidades 3

Capítulo 6

Nombre _____

Fecha _____

Hora _____

Practice Workbook **6-10**

Futuro y pasado

A. Explica en cada caso por qué será un poco tarde para hacer estas cosas. Usa el futuro perfecto.

Modelo   Voy a venir esta tarde para ver a tus primos. (dentro de dos horas / irse)
     Pero dentro de dos horas se habrán ido.

1. El jueves vengo a ayudarte con el informe. (para el miércoles / entregar el informe)

     _____

2. Llegaremos dentro de media hora para verlos a Uds. (dentro de media hora / salir)

     _____

3. Estaré a las siete para comer con ellas. (a las siete ya / cenar)

     _____

4. En el año 2100 seguiremos usando gasolina. (para aquel año / descubrirse nuevas fuentes de energía)

     _____

B. ¿Cómo han logrado estas personas hacer las cosas que hacen? Escribe una explicación para cada una de estas situaciones, usando el futuro perfecto.

aprender a manejar	conseguir el dinero del banco	tomar un taxi
comprarse un robot	comprar un aparato de calefacción solar	

Modelo   María llegó muy rápidamente. *Habrá tomado un taxi.*

1. La señora Díaz dice que pasa menos tiempo ahora con los quehaceres de la casa.

     _____

2. Los Gómez gastan menos ahora para calentar su casa.

     _____

3. Carlos ya va a todas partes en coche.

     _____

4. ¿Cómo pudo Sarita pagarse el viaje a Florida?

     _____

Go Online WEB CODE jed-0607
PHSchool.com

Realidades 3

Capítulo 6

Nombre

Hora

Fecha

Practice Workbook **6-11**

Ayudando a los demás

A. Completa los siguientes diálogos usando la información dada. En tu respuesta incluye dos pronombres: uno de complemento directo y otro de complemento indirecto.

| Modelo | — Necesito leer ese artículo. ¿Lo tienes? (prestar / esta tarde) |

— *Sí, yo te lo prestaré esta tarde.*

1. —¿Uds. tienen el programa de realidad virtual? Nosotros lo necesitamos. (enviar / mañana)

   _____

2. —El coche de Anita no funciona. ¿Puedes ayudarla? (reparar / en el taller)

   _____

3. —¿Tienes el CD de "Solares"? A Juan y a Laura les encanta. (regalar / para su cumpleaños)

   _____

4. —Raquel se compró una casa nueva y quiere que sus amigos la vean. ¿Sabes cuándo? (enseñar / el fin de semana)

   _____

B. Tus amigos no saben qué hacer, pero tú los ayudas. Escribe una respuesta para cada pregunta, usando la forma de mandatos.

| Modelo | — Alfonso necesita esos libros. ¿Qué debo hacer? (dar) |

— *Dáselos.*

1. —El profesor quiere el informe hoy. ¿Qué debo hacer? (entregar)

   _____

2. —Mis amigos quieren saber la historia. ¿Qué sugieres? (contar)

   _____

3. —Nosotros tenemos refrescos para los invitados. ¿Qué debemos hacer? (ofrecer)

   _____

4. —Tengo las medicinas que Uds. necesitan. ¿Qué debo hacer? (traer)

Realidades ③

Capítulo 6

Nombre

Hora

Fecha

Practice Workbook **6-12**

Explica estas cosas

Explica por qué han pasado estas cosas, usando el futuro perfecto y los complementos directos e indirectos.

Modelo	¿Cómo es que tiene Paula aquel informe? (Juan / dar)

Juan se lo habrá dado.

1. ¿Quién le dio a Isabel un vestido tan bonito? (sus padres / regalar)

   _____

2. Vi a José manejando el coche de Vera. (ella / vender)

   _____

3. ¿Cómo nos llegó esta tarjeta postal? (nuestros primos / enviar)

   _____

4. Luis dice que ya entiende los problemas de matemáticas. (el profesor / explicar)

   _____

5. Clara dice que sabe tus planes. (alguien / decir)

   _____

6. ¿Sabes que yo ya he visto las fotos de Teresa? (su novio / mostrar)

   _____

7. Ellos van al mismo hotel que Alberto. (él / recomendar)

   _____

8. ¿Cómo es que no tienes aquellos discos digitales? (mis amigos / llevarse)

   _____

Go Online WEB CODE jed-0610
PHSchool.com

Realidades 3

Capítulo 6

Nombre _____

Hora _____

Fecha _____

Practice Workbook **6-13**

Organizer

I. Vocabulary

Profesiones y oficios

_____

_____

_____

_____

_____

Cualidades

_____

_____

_____

_____

_____

Verbos que tienen que ver con el trabajo

_____

_____

_____

_____

_____

Otros verbos y expresiones

_____

_____

_____

_____

_____

Campos y carreras del futuro

_____

_____

_____

_____

_____

Palabras asociadas con el futuro

_____

_____

_____

_____

_____

II. Grammar

1. What are the endings of the future tense?

    yo _____ tú _____ él/ella/Ud. _____ nosotros(as) _____

    vosotros(as) _____ ellos/ellas/Uds. _____

2. What is the *yo* form of the future of each of these verbs?

    haber _____ **poder** _____ **querer** _____ **hacer** _____

    decir _____ **poner** _____ **saber** _____ **salir** _____

3. What is the future of probability used for? _____

    _____

4. How do you form the future perfect tense? _____

    _____

5. Conjugate these verbs in the future perfect.

curar		descubrir	
_____	_____	_____	_____
_____	_____	_____	_____
_____	_____	_____	_____

6. What is the order of the object pronouns when you have an indirect and a direct pronoun occurring together?

    _____

7. What happens to the indirect object pronoun *le* or *les* when it comes before the indirect objects *lo, la, los, las*?

    _____

8. How do you clarify whom the pronoun *se* refers to in the combinations *se lo, se la, se los,* and *se las*?

    _____

9. What do you add when the object pronouns are attached to the infinitive, a command or a present participle?

    _____

Go Online WEB CODE jed-0611
PHSchool.com

A ver si recuerdas . . .

¿Qué viste en tus vacaciones?

Un amigo y tú fueron de vacaciones y les pasaron cosas muy diferentes. Escribe una frase para decir algo opuesto a lo que le pasó a tu amigo, usando los elementos dados.

Modelo   *Siempre me molestaban las moscas.*

Nunca me molestaban a mí.

1. _____

   No vi ninguno.

2. _____

   Yo vi algunas.

3. _____

   Yo no vi nada.

4. _____

   Nunca cayeron.

5. _____

   Alguien me explicó su historia.

6. _____

   Yo sí vi alguno.

Go Online WEB CODE jed-0701
PHSchool.com

Realidades 3

Capítulo 7

Nombre _____

Hora _____

Fecha _____

Practice Workbook **7-2**

A ver si recuerdas . . .

¿Cuál quieres ver?

Imagina que estás en un lugar que no conoces y quieres ver las distintas cosas que hay allí. Completa las preguntas con las palabras que faltan y contéstalas usando adjetivos en forma de sustantivos.

Modelo

¿Quieres ver el _____ río _____ grande? (pequeño)

No, el grande no. Quiero ver el pequeño.

1. ¿Quieres ver un _____ antiguo? (moderno)

_____

2. ¿Quieres ir a la _____ pequeña? (grande)

_____

3. ¿Quieres jugar con los _____ negros? (gris)

_____

4. ¿Quieres ver unos _____ horribles? (hermoso)

_____

5. ¿Quieres ver unas _____ negras? (rojo)

_____

6. ¿Quieres subir las _____ de la derecha? (izquierda)

_____

Go Online WEB CODE jed-0701
PHSchool.com

Realidades 3

Capítulo 7

Nombre _____

Hora _____

Fecha _____

Practice Workbook **7-3**

La arqueología, en otras palabras

Puedes hablar de la arqueología usando sinónimos. Completa las siguientes frases, expresando la misma idea con palabras de este capítulo.

Modelo El monumento pesaba _____*toneladas*_____ (*miles de kilos*).

1. Son _____ (*pueblos*) que existieron hace muchos años.

2. Vimos un _____ (*edificio donde se estudiaban los movimientos del sol y de la luna*).

3. Es un _____ (*algo que no se sabe*) por qué se construyeron estas grandes ciudades.

4. Se ven _____ (*dibujos*) geométricos en las paredes de ese castillo.

5. Esa pirámide tiene dibujos de _____ (*objetos de cuatro lados*).

6. Ése es un fenómeno _____ (*que nadie sabe explicar*).

7. Los arqueólogos _____ (*no creen*) que existan más ruinas allí.

8. Esa piedra _____ (*estaba encima de*) una estructura.

9. Nadie sabe cuál era _____ (*el uso*) de esa figura.

10. Es _____ (*casi seguro*) que esas ruinas tengan miles de años.

Realidades **3**

Capítulo 7

Nombre _____

Fecha _____

Hora _____

Practice Workbook **7-4**

El trabajo de arqueólogo

Tus compañeros y tú están ayudando a un grupo de arqueólogos en una excavación. Primero mira los dibujos. Después lee las preguntas y contéstalas escribiendo una frase.

 ¿Qué traza Pablo en la tierra?

Pablo traza un óvalo en la tierra.

 ¿Qué mide Leonor?

1. _____

 ¿Qué hacen Antonio y sus ayudantes?

2. _____

 ¿Qué mide Daniela?

3. _____

¿Qué mides?

4. _____

 ¿Qué hace Marisol?

5. _____

 ¿Qué estudian Teresa y Silvio?

6. _____

 ¿Qué es el señor Bermúdez?

7. _____

Realidades 3

Capítulo 7

Nombre _____

Hora _____

Fecha _____

Practice Workbook **7-5**

Hablando entre arqueólogos

Imagina que eres un(a) arqueólogo(a). Expresa tu opinión sobre las ideas de los otros arqueólogos con quienes trabajas. Usa la expresión dada y el subjuntivo o el indicativo, según corresponda.

Modelo Estas piedras pesan tres toneladas. (es imposible)

Es imposible que pesen tres toneladas.
_____

1. Empezamos a excavar hoy. (dudo)

_____

2. ¿Son antiguos estos diseños? (es evidente)

_____

3. Hoy encontraremos más ruinas. (no creo)

_____

4. ¿Descubrirán los científicos el misterio? (no es probable)

_____

5. Hay una ciudad antigua por aquí. (me parece dudoso)

_____

6. Algún día sabremos por qué se construyeron estos edificios. (no dudamos)

_____

7. Esto es una evidencia de que hay extraterrestres. (no es verdad)

_____

8. Trazaremos la distancia hoy. (no es posible)

_____

Realidades 3

Nombre _____

Hora _____

Capítulo 7

Fecha _____

Practice Workbook **7-6**

Intercambio de ideas

Dile a tu compañero(a) que no estás de acuerdo con él (ella). Completa la primera frase con el verbo correcto en pretérito. Luego usa la expresión entre paréntesis y el presente perfecto del subjuntivo para escribir tu frase.

Modelo Un artista maya ____hizo____ *(hacer / leer)* este diseño. (no creo)

No creo que un artista maya haya hecho este diseño.
_____

1. Los indígenas _____ *(mover / correr)* estas piedras enormes sin usar animales. (dudo)

_____

2. Los indígenas _____ *(calcular / dibujar)* naves espaciales. (es imposible)

_____

3. Ellos _____ *(trazar / unir)* las piedras sin cemento. (es poco probable)

_____

4. Los arqueólogos _____ *(medir / calcular)* todas las piedras. (no es posible)

_____

5. ¡Nosotros _____ *(descubrir / correr)* el observatorio! (no es cierto)

_____

6. Yo _____ *(pesar / saber)* toda la cerámica. (no creo)

_____

7. Ramón _____ *(excavar / medir)* correctamente la distancia entre estos dos monumentos. (es dudoso)

_____

8. Nosotros _____ *(comprender / pesar)* la función de estos óvalos. (no es verdad)

_____

WEB CODE
jed-0703
PHSchool.com

Una joven arqueóloga

Isabel trabajó con unos arqueólogos en México este verano y escribió sobre su experiencia. Lee la carta y luego contesta las preguntas. La primera respuesta ya está escrita.

> *Queridos amigos:*
>
> *Este verano ayudé a unos arqueólogos que estaban excavando unas ruinas en México. Lo primero que quiero decirles es que el trabajo de arqueólogo es muy difícil. Hacía mucho calor y trabajamos durante muchas horas. Pero sólo los arqueólogos podían excavar las ruinas. Lo primero que hicimos fue excavar un observatorio. Parecía muy moderno. Tenía, además, unos dibujos que parecían naves espaciales. Yo dije que quizás los extraterrestres ayudaron a este pueblo a construir el observatorio. Los arqueólogos se rieron y me dijeron que eso era improbable. También encontramos otras estructuras. Pasamos horas midiéndolas y pesándolas. No logramos excavar todas las ruinas, pero los arqueólogos piensan terminar el año que viene. Yo volveré en el verano, antes de que todo esté terminado.*
>
> *Saludos,*
> *Isabel*

1. ¿Crees que hacía frío en México?
No creo que haya hecho frío en México.

2. ¿Es verdad que Isabel excavó con los arqueólogos?

_____

3. ¿Estás seguro(a) de que encontraron un observatorio?

_____

4. ¿Creen los arqueólogos que los extraterrestres ayudaron a este pueblo?

_____

5. ¿Es verdad que pasaron meses midiendo y pesando?

_____

6. ¿Es evidente que Isabel volverá el invierno que viene?

_____

Realidades 3

Capítulo 7

Nombre _____

Fecha _____

Hora _____

Practice Workbook **7-8**

Los aztecas y los mayas

Jorge y Carlos conversan sobre lo que saben de los aztecas y los mayas. Completa las palabras de la conversación para saber lo que dicen.

JORGE: ¿Conoces a los aztecas y los mayas?

CARLOS: Sí. Eran **(1.)** __ __ b __ __ __ n __ __ __ de México, ¿no?

JORGE: Sí. Aprendí mucho en mi clase sobre las **(2.)** __ __ y __ __ d __ __ de los

aztecas y los mayas. ¿Sabías que ellos tenían muchos cuentos para explicar el

(3.) __ r __ g __ __ del universo?

CARLOS: Sí, lo sabía. Además tenían muchas **(4.)** __ __ o __ __ __ s para explicar

fenómenos como los eclipses.

JORGE: Es cierto. Una **(5.)** __ __ e e __ __ __ __ que tenían era que cuando los

dioses se enojaban, el sol no **(6.)** __ r __ __ __ __ b __ y por eso ocurría

el eclipse.

JORGE: Creo que el eclipse era algo importante y **(7.)** __ __ g __ __ d __ para ellos.

CARLOS: Estas civilizaciones tenían un sistema de **(8.)** __ __ c __ i __ __ __ __

con símbolos.

JORGE: Yo creo que **(9.)** __ __ n __ __ __ b __ y __ __ __ __ mucho a las

civilizaciones del resto del mundo.

CARLOS: Me encantó la clase. Lo que más me gusta son las leyendas y los

(10.) __ __ t __ s de estas culturas.

Go Online PHSchool.com WEB CODE jed-0706

Realidades 3

Capítulo 7

Nombre _____

Fecha _____

Hora _____

Practice Workbook **7-9**

Las civilizaciones antiguas

Podemos aprender mucho de las civilizaciones antiguas. Contesta las preguntas, usando las ilustraciones. Escribe frases completas.

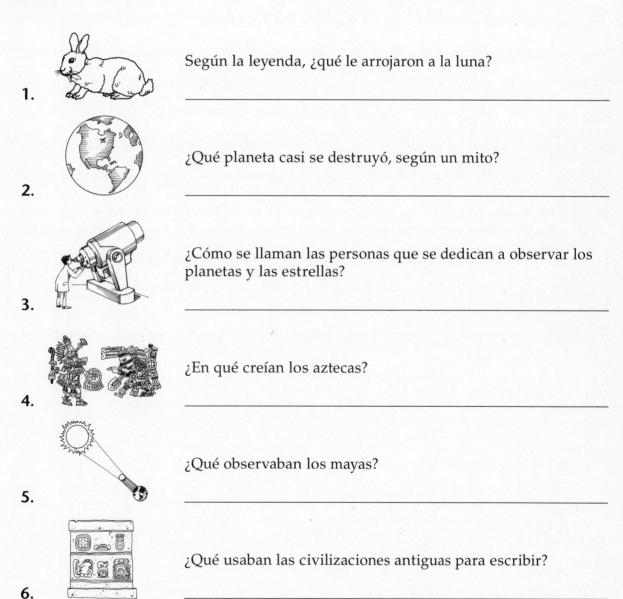

Modelo

¿Qué vieron los aztecas en el observatorio?

Los aztecas vieron un planeta en el observatorio.

1. Según la leyenda, ¿qué le arrojaron a la luna?

_____

2. ¿Qué planeta casi se destruyó, según un mito?

_____

3. ¿Cómo se llaman las personas que se dedican a observar los planetas y las estrellas?

_____

4. ¿En qué creían los aztecas?

_____

5. ¿Qué observaban los mayas?

_____

6. ¿Qué usaban las civilizaciones antiguas para escribir?

_____

Realidades 3

Capítulo 7

Nombre _____

Fecha _____

Hora _____

Practice Workbook **7-10**

El mundo de los arqueólogos

A. Un arqueólogo habla de los problemas de su trabajo. Completa lo que dice con *pero*, *sino* o *sino que*, según corresponda.

Hemos investigado mucho, **(1.)** _____ no hemos descubierto el origen de esta

cerámica. Parece que tiene mucho en común con la cerámica de los incas, **(2.)** _____

no logramos explicar por qué no se encontraría en Sudamérica, **(3.)** _____ en México.

También empezamos a medir las piedras que se excavaron, **(4.)** _____ no fue posible

terminar. Tendremos que trabajar no solamente mañana, **(5.)** _____ también pasado

mañana. Y no terminaremos este año, **(6.)** _____ tendremos que volver al lugar el año

que viene, **(7.)** _____ no tenemos fondos para seguir excavando. Hemos pedido

dinero a varias universidades, **(8.)** _____ todas nos han dicho que no tienen dinero.

No vamos a dejar de buscar dinero, **(9.)** _____ vamos a hacer un esfuerzo más grande.

B. Usa las frases del recuadro para completar cuatro observaciones sobre el proyecto arqueológico. Une los elementos con *pero*, *sino*, *sino también* o *sino que*, según corresponda.

las otras sí   el del sol   el español   rectángulos   eran astrónomos también

Modelo Esos diseños geométricos no son triángulos …

sino rectángulos. _____

1. No sólo eran buenos agricultores …

_____

2. No es el templo de la luna …

_____

3. Estos indígenas hablan no sólo el quiché …

_____

4. Estas ruinas no son de los mayas …

_____

Go Online WEB CODE jed-0707
PHSchool.com

Realidades 3

Capítulo 7

Nombre

Fecha

Hora

Practice Workbook **7-11**

Un verano arqueológico en México

Lee el siguiente anuncio sobre un proyecto arqueológico. Contesta las preguntas, usando el subjuntivo. La primera respuesta ya está escrita.

Proyecto arqueológico en México

Se va a formar un equipo de profesionales y estudiantes para realizar un proyecto arqueológico. Se buscan personas con los siguientes requisitos:

- El jefe tiene que saber organizar un proyecto arqueológico.
- El arqueólogo debe conocer las culturas indígenas de México.
- El traductor necesita hablar español y quiché.
- La médica debe haber estudiado las enfermedades tropicales.
- El secretario tiene que saber usar el correo electrónico.
- Los estudiantes necesitan estar interesados en la arqueología.
- La enfermera necesita tener experiencia de trabajar con los indígenas.
- A los trabajadores les debe gustar excavar.

---

1. ¿Qué clase de jefe se necesita?

Se necesita un jefe que sepa organizar un proyecto arqueológico.

2. ¿Qué clase de arqueólogo se busca?

3. ¿Qué clase de traductor se necesita?

4. ¿Qué clase de médica se solicita?

5. ¿Qué clase de secretario se quiere contratar?

6. ¿Qué clase de trabajadores se necesita?

Realidades 3

Capítulo 7

Nombre _____

Hora _____

Fecha _____

Practice Workbook **7-12**

Problemas en el proyecto arqueológico

A. Daniela contesta las preguntas del jefe. Desafortunadamente, todas sus respuestas son negativas. Escribe lo que responde Daniela. Usa el presente o el presente perfecto del subjuntivo, según corresponda.

Modelo   ¿Alguien hace los dibujos de la cerámica?
No, no hay nadie que haga los dibujos de la cerámica.

1. ¿Alguien habla idiomas indígenas?

_____

2. ¿Algún trabajador tiene experiencia excavando?

_____

3. ¿Les interesó algo a los arqueólogos?

_____

4. ¿Alguien sabe leer los números mayas?

_____

5. ¿Algo aquí sirvió de modelo?

_____

B. Daniela responde más preguntas. Escribe sus respuestas con los elementos dados. Usa *sino*, *sino que*, *pero*, o *sino también*, según corresponda.

Modelo   ¿El sol no apareció? (se puso)
El sol no apareció, sino que se puso.

1. ¿Tú quieres sólo estudiar? (trabajar)

_____

2. ¿Los dioses quisieron arrojarse al fuego? (no pudieron)

_____

3. ¿Tu hermano es escritor? (arqueólogo)

_____

4. ¿El astrónomo estudia el mar? (los planetas)

_____

Go Online WEB CODE jed-0710 PHSchool.com

Organizer

I. Vocabulary

Para hablar de mitos y leyendas

_____

_____

_____

_____

Para hablar de descubrimientos

_____

_____

_____

_____

Para hablar del universo

_____

_____

_____

Para describir objetos

_____

_____

_____

Para hablar de los fenómenos inexplicables

_____

_____

_____

_____

Verbos

_____

_____

_____

_____

Realidades 3

Capítulo 7

Nombre _____

Fecha _____

Hora _____

Practice Workbook **7-14**

II. Grammar

1. List five expressions of doubt, uncertainty, or disbelief that are followed by the subjunctive.

_____

_____

_____

_____

_____

2. List five expressions of belief or certainty that are followed by the indicative.

_____

_____

_____

_____

_____

3. When do you use the subjunctive in adjective clauses?

_____

_____

4. Which are the two Spanish equivalents for the word *but*?

_____

5. When is the conjunction *sino* used?

_____

6. When is *sino que* used?

_____

7. What is the Spanish equivalent to the expression *not only ... but also*?

_____

A ver si recuerdas . . .

¿Dónde está?

A. Lee las preguntas sobre la posición de estas cosas y contéstalas con frases completas, según los dibujos.

Modelo ¿Dónde está la calle?
La calle está entre el museo y el teatro.

¿Dónde está la plaza?

1. _____

¿Dónde está el monumento?

2. _____

¿Dónde está la iglesia?

3. _____

¿Dónde está el río?

4. _____

B. Completa estas conversaciones. Escribe la pregunta para cada respuesta.

Modelo —*¿Cuándo vas al museo?*
—Voy al museo mañana.

1. —_____
—Fui al museo hace mucho tiempo.

2. —_____
—La escultura está en el edificio histórico.

3. —_____
—Mi amiga Luisa vive en esa cuadra.

4. —_____
—Esa artesanía está hecha de oro.

WEB CODE
jed-0801
PHSchool.com

A ver si recuerdas . . .

Historia de dos amigos

A. Lee la historia de lo que les pasó a Pedro, Martín y Amalia. Completa el párrafo con palabras del vocabulario del capítulo.

Pedro y Martín son buenos amigos y siempre se llevan **(1.)** _____. Ellos casi

nunca se pelean pero una vez tuvieron un **(2.)** _____ muy serio. Esto pasó

hace poco, o **(3.)** _____. Martín se molestó y se

(4.) _____ cuando vio que su novia Amalia estaba con Pedro. Vio que

fueron a una joyería donde venden **(5.)** _____ hechas de oro y

(6.) _____. Pedro **(7.)** _____ cien dólares por un anillo. Se lo

iba a dar a Amalia, cuando Martín entró a la tienda. Amalia y Pedro tuvieron miedo, o se

(8.) _____ un poco por los gritos de Martín. Martín pensaba que Amalia ya

no lo quería. Pero entonces Amalia le explicó a Martín que Pedro le había prestado dinero

para que ella le pudiera comprar un anillo de amistad. ¡Todo había sido un malentendido!

B. Ahora contesta las preguntas, usando el pretérito del verbo entre paréntesis. La primera respuesta ya está escrita.

1. ¿Qué les pasó a Pedro y a Martín hace poco? *(tener)*
   Pedro y Martín tuvieron un conflicto. _____

2. ¿Cómo reaccionó Martín cuando vio a su novia con Pedro? *(ponerse)*
   _____

3. ¿Adónde fueron Amalia y Pedro? *(andar)*
   _____

4. ¿Qué quería Amalia que Pedro le diera? *(pedir)*
   _____

5. ¿Qué pensó Martín de Amalia? *(creer)*
   _____

Go Online
WEB CODE jed-0801
PHSchool.com

Realidades 3

Capítulo 8

Nombre _____

Fecha _____

Hora _____

Practice Workbook **8-3**

Seamos arquitectos

Mira los dibujos, lee las frases y complétalas con las palabras que faltan.

 ¡Qué linda _____*arquitectura*_____ tiene ese edificio!

1. Los romanos construyeron este _____.

2. Este castillo tiene _____ impresionante.

3. Este palacio tiene _____ hermosos.

4. Esta casa tiene seis _____.

5. El patio tiene _____ de varios colores.

6. La ventana tiene una _____.

Realidades 3

Capítulo 8

Nombre _____

Fecha _____

Hora _____

Practice Workbook **8-4**

Conversación

Completa las frases con las palabras apropiadas para saber lo que Cristina y Patricia dicen de su viaje a Andalucía.

CRISTINA: Sevilla es una ciudad impresionante. Me encanta la catedral. ¿Sabes que en

su lugar había una mezquita cuando los **(1.)** _____

dominaban la península?

PATRICIA: ¿La mezquita ya no está allí?

CRISTINA: No, estaba ahí **(2.)** _____, pero ya no.

PATRICIA: Bueno, pero esa catedral es increíble, es una **(3.)** _____.

CRISTINA: Sí, me alegro de que hayamos venido a Andalucía. Es una región muy

interesante. Se ve el efecto, o la **(4.)** _____ de tres

culturas.

PATRICIA: ¿Qué culturas?

CRISTINA: Pues, la cristiana, la **(5.)** _____ y la musulmana.

PATRICIA: ¿Te refieres a la **(6.)** _____ de los edificios?

CRISTINA: Sí, pero eso no es todo, no es lo **(7.)** _____.

PATRICIA: Entonces, ¿qué más?

CRISTINA: También en la **(8.)** _____, o personas que viven allí.

PATRICIA: Claro, en el **(9.)** _____ que hablan.

CRISTINA: Sí. Todas estas culturas han dejado su **(10.)** _____ en la

ciudad.

PATRICIA: Definitivamente.

Go Online
PHSchool.com

WEB CODE
jed-0802

Realidades **3**

Capítulo 8

Nombre _____

Hora _____

Fecha _____

Practice Workbook **8-5**

Un viaje por España

Algunas personas de la escuela quieren pasar el verano en España y hablan de lo que harían allí. Escribe frases completas con los elementos dados y el verbo en condicional.

Modelo   tú / visitar Barcelona

Tú visitarías Barcelona.

1. yo / ir a Sevilla

_____

2. nuestros profesores / comprar libros

_____

3. nosotros / hacer muchas excursiones

_____

4. Víctor y Nacho / poder hablar español todo el día

_____

5. Marta / querer ver ruinas romanas

_____

6. tú / venir con nosotros a Toledo

_____

7. Alejandro / salir todas las noches

_____

8. Valeria y yo / divertirse mucho

_____

Realidades 3

Capítulo 8

Nombre _____

Fecha _____

Hora _____

Practice Workbook **8-6**

El viaje perfecto

Mira los dibujos y escribe una frase para decir cómo sería el viaje perfecto por España para estos(as) estudiantes. Usa el condicional de los verbos del recuadro.

estudiar	sacar fotos	visitar	jugar
dibujar	comprar	dormir	comer

Modelo Susana   *Susana sacaría fotos de las rejas.*

1. Sergio   _____

2. nosotros   _____

3. Eva y Sara   _____

4. las estudiantes   _____

5. Luis y Ernesto   _____

6. yo   _____

7. tú   _____

Go Online PHSchool.com WEB CODE jed-0803

Encuesta: ¿Qué harías en España?

Se hizo una encuesta a la clase de español sobre lo que harían los (las) estudiantes si fueran a España. Lee la encuesta. Luego contesta las preguntas, usando el condicional. La primera respuesta ya está escrita.

Nombre	¿Adónde irías?	¿Qué harías?
Juan	Córdoba	estudiar español, visitar La Mezquita
Marta	Segovia	ver el acueducto, salir con amigos
Pilar	Sevilla	caminar en la plaza, estudiar español
Simón	Córdoba	bailar, comprar azulejos
Beatriz	Toledo	tomar fotos de la arquitectura, comer en restaurantes
Fernando	Madrid	comprar postales, ir al zoológico

1. ¿Qué haría Juan?

   Juan estudiaría español y visitaría La Mezquita.

2. ¿Adónde irían Juan y Simón?

   _____

3. ¿Quiénes querrían estudiar español?

   _____

4. ¿Adónde iría Beatriz y qué haría?

   _____

5. ¿Quiénes comprarían cosas y qué cosas comprarían?

   _____

6. ¿Qué haría Marta y dónde lo haría?

   _____

Realidades 3

Capítulo 8

Nombre _____

Fecha _____

Hora _____

Practice Workbook **8-8**

El trabajo del (de la) escritor(a)

Tú eres escritor(a) y estás escribiendo un libro para niños sobre la historia y la cultura mexicanas. Tienes que explicar los dibujos del libro. Completa las explicaciones antes de entregar tu libro al redactor. Usa las palabras del vocabulario del capítulo.

Modelo Los _____ *aztecas* _____ lucharon contra los españoles.

1. Los _____ construyeron

_____ para enseñarles su religión a

los indígenas.

2. Hubo un _____ de

_____ entre Europa y las Américas.

3. No hubo siempre paz; los aztecas también se dedicaban

a la _____.

4. Hernán Cortés y los _____ españoles

iban montados a caballo y llevaban

_____ de fuego.

5. Los indios y los españoles se enfrentaron en numerosas

_____.

WEB CODE
jed-0806
PHSchool.com

España en las Américas

Estás leyendo un libro sobre la historia del encuentro entre los europeos y los indígenas, pero se borraron algunas palabras. Completa las frases con las palabras del capítulo.

1. Los misioneros _____ las misiones para enseñarles su religión a los indígenas.

2. Sarita Montiel tiene antepasados italianos, españoles y portugueses. Ella es de

   _____ europea.

3. Los aztecas conquistaron muchos pueblos indígenas. Tenían un

   _____ muy grande.

4. Cuando los españoles trajeron el chocolate y el maíz a Europa, nadie sabía lo que

   eran. Eran mercancías _____ en Europa.

5. Los aztecas, los toltecas y los mayas son pueblos _____ de
   México.

6. Los españoles pudieron conquistar el imperio azteca porque con sus armas de

   fuego y sus caballos eran más _____ que los indígenas.

7. Francia, España, Inglaterra e Italia son países _____.

8. Cuando los españoles conquistaron el imperio azteca, México llegó a ser una

   _____ española y parte del imperio español.

9. Los españoles y los indígenas lucharon en muchas _____.

10. Muchas costumbres latinoamericanas _____ de elementos
    de culturas diferentes.

11. Hoy la mayor parte de los indígenas hispanoamericanos son católicos. Esto quiere

    decir que _____ la religión de los españoles.

12. En toda Hispanoamérica se empezó a hablar español, la

    _____ de España.

Realidades **3**

Nombre _____

Hora _____

Capítulo 8

Fecha _____

Practice Workbook **8-10**

Pero todo eso tenía que hacerse

Estás conversando con un(a) amigo(a). Dile que todas estas cosas tenían que hacerse. Usa la frase entre paréntesis y el imperfecto del subjuntivo en tus respuestas. Reemplaza los complementos directos con el pronombre apropiado.

Modelo　—Los estudiantes no aprendieron el vocabulario. (el profesor dijo)

　　　　　—*Pero el profesor dijo que lo aprendieran.*

1. —Yo no traje el guacamole. (yo te pedí)

   _____

2. —Tú no estudiaste los resultados. (nadie me dijo)

   _____

3. —Luis pudo terminar el informe. (creímos que era imposible)

   _____

4. —Paula me dijo la respuesta. (yo no quería)

   _____

5. —Uds. no salieron. (nos prohibieron)

   _____

6. —Mamá no hizo la salsa picante. (nadie le sugirió)

   _____

7. —Yo no sembré las flores. (papá insistió)

   _____

8. —Alberto no escribió las palabras nuevas. (era necesario)

   _____

Realidades 3

Nombre _____ Hora _____

Capítulo 8

Fecha _____ Practice Workbook **8-11**

¡Qué triste!

Explica cómo las cosas podrían ser diferentes para estas personas. Usa las palabras o expresiones entre paréntesis, el imperfecto del subjuntivo con *si* y el condicional.

Modelo —Marcela no estudia. Por eso no aprende. (triste)

—*¡Qué triste! Si estudiara, aprendería.*

_____

1. —Lorenzo no presta atención. Por eso no comprende. (ridículo)

_____

2. —Claudia no llama a sus amigos. Por eso están enojados. (mal educada)

_____

3. —Pablo no duerme. Por eso está siempre cansado. (lástima)

_____

4. —Luisa no sale con sus amigos. Por eso no se divierte. (aburrido)

_____

5. —Juanito no corre con cuidado. Por eso se lastima. (peligroso)

_____

6. —Carolina no arregla su cuarto. Por eso no encuentra sus libros. (desordenada)

_____

7. —Paco se despierta tarde. Por eso no puede asistir a su clase. (tonto)

_____

8. —Laura tiene miedo de hablar con la gente. Por eso no tiene amigos. (tímida)

_____

 WEB CODE
jed-0808
PHSchool.com

Realidades 3

Capítulo 8

Nombre _____

Fecha _____

Hora _____

Practice Workbook **8-12**

Explicaciones

A. Tu amigo(a) es entrometido(a) y quiere saber qué han dicho otras personas. Contesta sus preguntas con el verbo entre paréntesis. Usa el imperfecto del subjuntivo.

Modelo   ¿Qué te recomendó el médico sobre las vitaminas? (tomar)

El médico me recomendó que tomara vitaminas.

1. ¿Qué te dijo el profesor sobre el idioma español? (aprender)

_____

2. ¿Qué te sugirió el entrenador sobre los ejercicios? (hacer)

_____

3. ¿Qué te recomendó el ingeniero sobre el puente? (construir)

_____

4. ¿Qué te dijo tu madre sobre la paciencia? (tener)

_____

_____

B. Explícale a tu amigo(a) lo que piensas. Usa *como si* y el verbo en paréntesis.

Modelo   ¿Por qué preguntas si están enamorados? (portarse)

Porque se portan como si estuvieran enamorados.

1. ¿Por qué preguntas si él es el jefe? (hablar)

_____

2. ¿Por qué preguntas si ellos conocen España? (planear excursiones)

_____

3. ¿Por qué preguntas si yo tengo prisa? (caminar)

_____

4. ¿Por qué preguntas si los turistas no tienen dinero? (regatear)

_____

Organizer

I. Vocabulary

Para hablar de construcciones

_____

_____

_____

_____

_____

Para hablar del descubrimiento de América

_____

_____

_____

_____

_____

Para hablar del encuentro de culturas

_____

_____

_____

_____

_____

_____

_____

_____

Verbos

_____

_____

_____

_____

_____

_____

II. Grammar

1. How do you form the conditional tense?

_____

2. Which verbs show an irregularity in the conditional?

_____

3. Give the conditional forms of the following verbs:

           vivir   **tener**

_____ _____   _____ _____

_____ _____   _____ _____

_____ _____   _____ _____

4. How do you form the stem to which the endings of the imperfect subjunctive are added?

_____

5. What are the endings of the imperfect subjunctive?

yo _____ tú _____ él/ella/Ud. _____

nosotros(as) _____ vosotros(as) _____ ellos/ellas/Uds. _____

6. When do you use the imperfect subjunctive?

_____

_____

7. What does *como si* mean and what form of the verb follows it?

_____

8. Give the imperfect subjunctive forms of the following verbs:

          adoptar   **hacer**

_____ _____   _____ _____

_____ _____   _____ _____

_____ _____   _____ _____

A ver si recuerdas . . .

Actividades de la gente

Las siguientes personas hacen diferentes cosas. Mira los dibujos. Completa las frases con las palabras que faltan.

Modelo   Los estudiantes ____*establecen*____ un centro de reciclaje.

1.  Paulita _____ _____ al suelo.

2.  Gregorio _____ _____ en el jardín.

3.  El hombre rescató al niño del _____.

4. Mercedes y Celia _____ al _____.

5.  Los hombres _____ al _____.

6.  Anita y Tomás _____ _____.

7.  Carolina _____ cosas de vidrio y de plástico.

8.  Se _____ dar de comer a _____.

Nombre _____

Hora _____

Capítulo 9

Fecha _____

Practice Workbook **9-2**

A ver si recuerdas . . .

¿Qué te gusta?

Muchas personas se interesan por la naturaleza y el medio ambiente. Mira los dibujos. Escribe frases para hablar de la actitud de estas personas hacia estas cosas.

Modelo

jóvenes / gustar

A los jóvenes les gusta el valle.

estudiante / encantar

1. _____

Lidia / interesar

2. _____

personas / importar

3. _____

nosotros / molestar

4. _____

tú / preocupar

5. _____

Ud. / importar

6. _____

él / gustar

7. _____

ellas / encantar

8. _____

Go Online WEB CODE jcd-0901
PHSchool.com

Diálogo

Diego y Pablo hablan de la contaminación. Completa las frases con las palabras apropiadas del vocabulario del capítulo para saber lo que dicen Diego y Pablo.

DIEGO: ¿Sabes que algún día usaremos coches eléctricos?

PABLO: Sí, leí un artículo sobre esos coches. Parece que ahorran mucha energía. Son

(1.) __ c __ n __ __ __ c __ __ y limpios.

DIEGO: Mucha gente tiene coches que usan petróleo. Creo que

(2.) __ __ p __ __ d __ __ __ s demasiado del petróleo. Algún día, ya

no habrá petróleo porque se **(3.)** __ g __ t __ __ __.

PABLO: Sí. Entonces habrá una **(4.)** __ __ c __ s __ __ __ de petróleo.

DIEGO: Tenemos que **(5.)** __ __ m __ __ t __ __ el uso de fuentes de energía

más eficientes y de esa manera conservar nuestros

(6.) __ __ c __ r __ __ __ naturales.

PABLO: Y tenemos que hacerlo **(7.)** __ a __ __ r __ __ t __

como sea posible.

DIEGO: Otro problema muy **(8.)** __ r __ v __ es la contaminación de los ríos y de

los mares.

PABLO: Muchas fábricas tienen productos **(9.)** __ u __ m __ __ __ __.

DIEGO: Sí. Y las fábricas **(10.)** __ c __ a __ esos productos al agua.

(11.) __ __ b __ d __ a esa práctica, los peces mueren en estas aguas

(12.) __ __ n __ __ m __ __ __ d __ __.

PABLO: ¡Tantos problemas! El gobierno tiene que tomar

(13.) __ __ d __ d __ __ y **(14.)** __ __ s __ __ g __ __ con multas

a estas fábricas.

Realidades 3

Capítulo 9

Nombre _____

Hora _____

Fecha _____

Practice Workbook **9-4**

Nuestro futuro

En el futuro habrá muchos problemas si no protegemos el medio ambiente. Cambia la parte subrayada de cada frase por expresiones o palabras del vocabulario.

Modelo Estos coches eléctricos <u>ayudan a ahorrar dinero</u>.

Estos coches eléctricos *son económicos*.

1. La población <u>aumenta</u> cada día.

   La población _____ cada día.

2. Hoy tenemos suficiente petróleo, pero en el futuro <u>no habrá suficiente</u> petróleo.

   Hoy tenemos suficiente petróleo, pero en el futuro habrá una _____ de petróleo.

3. Las fábricas <u>arrojan</u> los desperdicios al río.

   Las fábricas _____ los desperdicios al río.

4. Los peces mueren en las aguas <u>sucias</u> por lo que hacen las fábricas.

   Los peces mueren en las aguas _____ por lo que hacen las fábricas.

5. La contaminación del medio ambiente es un problema <u>serio</u>.

   La contaminación del medio ambiente es un problema _____.

6. Nuestro país <u>no puede vivir sin</u> petróleo.

   Nuestro país _____ petróleo.

7. Algún día <u>no habrá más</u> petróleo.

   Algún día _____ petróleo.

8. El gobierno <u>tiene la responsabilidad</u> de hacer leyes para proteger el medio ambiente.

   El gobierno _____ de hacer leyes para proteger el medio ambiente.

Go Online WEB CODE jed-0902
PHSchool.com

Realidades 3

Capítulo 9

Nombre _____

Hora _____

Fecha _____

Practice Workbook **9-5**

Los estudiantes y el medio ambiente

A. Habla de lo que los estudiantes van a hacer para proteger el medio ambiente. Añade a las frases la persona o las personas que aparecen entre paréntesis.

Modelo   Te veré después de reciclar los periódicos. (tú)

Te veré después de que tú recicles los periódicos. _____

1. No volveremos a casa hasta limpiar el patio de recreo. (Uds.)

   _____

2. Después de visitar el río, escribiremos el informe. (los científicos)

   _____

3. El gobierno debe estudiar la situación antes de tomar medidas. (nosotros)

   _____

4. No sacaremos la basura hasta separar las botellas de plástico de las de vidrio. (tú)

   _____

B. Los estudiantes observan la situación del medio ambiente de su ciudad. Escribe lo que dicen, completando estas frases con los elementos del recuadro.

> mientras las fábricas / seguir contaminando el aire
>
> hasta / estar limpio
>
> hasta que / resolverse el problema
>
> cuando / agotarse el petróleo
>
> cuando el gobierno / castigarla con una multa

Modelo   Hay mucha basura en las calles. Los vecinos no dejarán de quejarse

hasta que se resuelva el problema. _____

1. El río está muy sucio. No podremos nadar en él _____.

2. Esta empresa dejará de contaminar el medio ambiente _____.

3. No podremos respirar bien _____.

4. No sé cómo vamos a usar nuestros coches _____.

Realidades 3

Capítulo 9

Nombre _____

Fecha _____

Hora _____

Practice Workbook **9-6**

Hablando del medio ambiente

A. Completa las siguientes frases con uno de los pronombres relativos *que, quien(es)* o *lo que*.

1. El problema del _____ estamos hablando es la contaminación.

2. Es importante poner atención en _____ dicen los científicos.

3. Las personas a _____ les interesa reciclar ayudarán mucho.

4. Los ingenieros _____ están desarrollando el coche eléctrico hacen un trabajo muy importante.

5. Los políticos con _____ hablo dicen que la contaminación es un problema muy grave.

B. Contesta las preguntas de tu amigo(a) sobre el medio ambiente, usando un pronombre relativo.

Modelo	¿Qué medidas fueron necesarias? (tomar / gobierno)

Las medidas que tomó el gobierno. _____

1. ¿Qué petróleo causó problemas? (tirar al mar / las industrias)

_____

2. ¿Qué científicos lo inventaron? (trabajar con / mi padre)

_____

3. ¿Qué historias me cuentas? (contarme / mis hermanos)

_____

4. ¿Qué estudiantes conservan agua? (importarles / el medio ambiente)

_____

5. ¿Qué fuentes de energía son económicas? (descubrir / los científicos)

_____

Realidades 3

Capítulo 9

Nombre _____

Hora _____

Fecha _____

Practice Workbook **9-7**

Por un mundo mejor

Muchos jóvenes trabajan para mejorar el mundo. Completa estos diálogos con el pronombre relativo que falta y con el verbo o la frase que aparece entre paréntesis.

Modelo —Todavía no han cerrado la fábrica _____*que*_____ echa desperdicios al río.

—La cerrarán cuando el gobierno ___*la castigue con una multa*___.
(*castigarla con una multa*)

1. —¿No te has reunido con el grupo ecológico en el _____ estoy yo?

   —Voy a reunirme con él en cuanto _____.
   (*saber más sobre sus actividades*)

2. —¿Participaste en la manifestación en la _____ yo participé?

   —Sí, fui a participar en ella tan pronto como yo _____.
   (*darse cuenta de lo que se trataba*)

3. —¿Han llegado los estudiantes con _____ vamos a trabajar?

   —No, pero te llamaré cuando _____. (*llegar*)

4. —Es difícil vivir en una ciudad en _____ hay tanta contaminación.

   —Todo seguirá así hasta que el gobierno _____.
   (*tomar medidas*)

5. —No comprendo _____ dice el profesor.

   —Lo comprenderás cuando _____. (*repetirlo*)

6. —El petróleo es un recurso natural _____ podría agotarse.

   —No quiero que se agote el petróleo antes de que los ingenieros _____

   _____. (*inventar un coche eléctrico*)

7. —María y Laura son dos chicas _____ trabajan mucho, ¿verdad?

   —Sí. Dicen que no van a parar hasta _____.
   (*resolver el problema*)

Nombre _____ Hora _____

Fecha _____ Practice Workbook **9-8**

Problemas del medio ambiente

Mira los dibujos. Completa las frases con las palabras apropiadas.

Modelo

Algunos científicos dicen que la ___*capa de ozono*___

tiene ____*agujeros*____ .

1. Se ha producido un _____

_____ .

2. El _____ de las _____ cuesta
mucho dinero.

3. La _____ es un animal que hay que proteger.
Si no hacemos algo, vamos a perderla para siempre.

4. El hielo _____ debido al recalentamiento
global.

5. Estos animales se encuentran en peligro de

_____ .

6. La _____ _____ ha sido
explotada.

7. La _____ de la _____ está
cubierta de petróleo.

8. El _____ _____ en la atmósfera
hace que las temperaturas aumenten.

WEB CODE
jed-0906
PHSchool.com

Realidades 3

Capítulo 9

Nombre _____

Hora _____

Fecha _____

Practice Workbook **9-9**

El medio ambiente

Un científico le está explicando a la clase los problemas del medio ambiente. Completa el párrafo para entender lo que dice.

Bueno, jóvenes, hoy les quiero hablar sobre los problemas del medio ambiente.

Es importante que escuchen para poder tomar **(1.)** _____ y entender estos

asuntos. Lo primero que deben saber es que todo lo que ustedes hacen

(2.) _____, o tiene efecto sobre, el medio ambiente. Por ejemplo, el uso de

(3.) _____, como el repelente de insectos, ayuda a crear el agujero de la

capa de ozono. Tenemos que reducir, o **(4.)** _____, su uso.

El aumento de temperatura en el mundo, o el **(5.)** _____, causa

cambios en los **(6.)** _____, como el frío del invierno o el calor del verano.

Por ejemplo, el **(7.)** _____ que está en los polos puede derretirse. Esto

causaría una cantidad de agua **(8.)** _____, o demasiada agua, en los

océanos. A su vez, esto sería un problema para las ballenas. Y las ballenas ya tienen

bastantes problemas cuando las personas tratan de atraparlas y practican la

(9.) _____ de estos animales.

Pero los problemas no sólo ocurren en los océanos, sino también en la

(10.) _____ donde vivimos. Los bosques del trópico, o

(11.) _____, también están en peligro. Y en general, nuestro planeta está

demasiado sucio. Debemos limpiarlo, o realizar una **(12.)** _____. Si todos

colaboramos, viviremos en un mundo mejor.

Realidades 3

Capítulo 9

Nombre _____

Fecha _____

Hora _____

Practice Workbook **9-10**

Los peligros para el medio ambiente

En una revista lees lo que se puede hacer para resolver los problemas del medio ambiente. Completa las frases, utilizando las expresiones del recuadro y el subjuntivo.

detenerse su caza	estar en peligro de extinción
aumentar las temperaturas	darles multas a los culpables
conservar las selvas tropicales	haber derrames
disminuirse el uso de aerosoles	tomar conciencia

Modelo   Los barcos de petróleo deben poder viajar sin que
haya derrames

1. Las ballenas azules morirán a menos que

   _____

2. El agujero de la capa de ozono no aumentará con tal de que

   _____

3. Hay que evitar la caza excesiva para no tener más animales que

   _____

4. Las fábricas seguirán echando productos químicos en los ríos a menos que

   _____

5. No podrá haber recalentamiento global sin que

   _____

6. No habrá más árboles a menos que

   _____

7. Pero yo creo que nadie hará nada, a menos que nosotros

   _____

Haciendo planes

¿Qué harán estas personas en las siguientes situaciones? Completa los diálogos con el verbo en indicativo o en subjuntivo, según corresponda.

1. —Dicen que mañana lloverá. Yo no quiero salir.

   —Tendrás que salir aunque _____.

2. —¿Y qué pasa si mañana los niveles de ozono están muy altos?

   —Vamos a salir aunque _____ altos.

3. —Este lago me pareció muy limpio.

   —Sí, parece limpio aunque _____ contaminado. Yo sé muy bien que la fábrica de al lado lo está contaminando.

4. —No hay duda que el viaje es muy largo.

   —Tenemos que hacerlo aunque _____ larguísimo.

5. —No podremos terminar este proyecto si nuestros compañeros no vienen a ayudarnos.

   —Tenemos que terminarlo aunque no vengan y no nos _____.

6. —Aquel señor habla español, pero no es español.

   —Sí, él habla español aunque _____ francés.

7. —No sé si quiero ir a casa de Roberto.

   —Tienes que ir aunque no _____.

8. —Perdón. No te di la dirección de la casa de Ángela.

   —No te preocupes. Encontré la casa aunque no me _____ la dirección.

Realidades 3

Capítulo 9

Nombre _____

Fecha _____

Hora _____

Practice Workbook **9-12**

¿Para qué?

Completa estas frases con el infinitivo o el subjuntivo del verbo que aparece entre paréntesis, según corresponda.

1. Vamos al río para _____ *(ver / castigar)* si está contaminado.

2. Llevaremos una botella de agua del río al laboratorio para que los científicos

   _____ *(investigar / agotar)* si el agua está contaminada o no.

3. No saldremos de casa sin _____ *(fomentar / llamarte)*.

4. No nos iremos sin que tú _____ *(llamarnos / conservar)*.

5. Tenemos que hacer un esfuerzo para _____ *(conservar / castigar)* el medio ambiente.

6. Te lo digo para que lo _____ *(disminuir / saber)*.

7. No saldré hasta _____ *(afectar / decirte)* lo que pienso.

8. Estudié hasta _____ *(resolver / derretir)* el problema.

9. El profesor esperará hasta que todo el mundo _____ *(terminar / limitar)*.

10. Tendrán que gastar mucho dinero para _____ *(fomentar / limpiar)* el derrame.

Realidades 3

Capítulo 9

Nombre _____

Fecha _____

Hora _____

Practice Workbook **9-13**

Organizer

I. Vocabulary

Para hablar de la contaminación

_____

_____

_____

_____

_____

Para hablar sobre los animales

_____

_____

_____

_____

_____

Para hablar del medio ambiente

_____

_____

_____

_____

_____

_____

_____

_____

_____

_____

Para hablar de los recursos naturales

_____

_____

_____

_____

_____

Verbos

_____

_____

_____

_____

_____

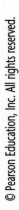

Realidades **3**

Nombre _____

Hora _____

Capítulo 9

Fecha _____

Practice Workbook **9-14**

II. Grammar

1. Make a list of six conjunctions that can be followed either by the indicative or subjunctive.

   _____   _____   _____

   _____   _____   _____

2. When are these conjunctions followed by the subjunctive?

   _____

3. What form of the verb always follows *antes (de) que*?

   _____

4. Make a list of four conjunctions that are followed by the subjunctive to express the purpose or intention of an action.

   _____   _____

   _____   _____

5. When are *para* and *sin* followed by the infinitive?

   _____

6. When is *aunque* followed by the subjunctive?

   _____

7. When is *aunque* followed by the indicative?

   _____

8. When do you use the relative pronoun *que*?

   _____

9. When is the relative pronoun *que* replaced by *quien / quienes*?

   _____

10. When do you use the relative phrase *lo que*?

   _____

Go Online WEB CODE jed-0911
PHSchool.com

Realidades 3

Capítulo 10

A ver si recuerdas . . .

Nombre _____

Fecha _____

Hora _____

Practice Workbook **10-1**

La política y la comunidad

¿Qué está pasando en esta comunidad? Mira los dibujos y completa las frases con las palabras que faltan.

1.  El _____ _____ al ladrón.

2.  El _____ y los _____ hablan.

3.  Las _____ se _____.

4.  Hay una _____ en _____ de la guerra.

5.  Luisito no _____ a sus _____.

6.  No se _____ entrar en el centro de la comunidad.

7.  Estas personas están contentas porque se hicieron _____ de los Estados Unidos.

Realidades 3

Capítulo 10

Nombre _____

Fecha _____

Hora _____

Practice Workbook **10-2**

A ver si recuerdas . . .

Cosas que pasaron

A. ¿Qué pasó o qué pasaba? Completa estas frases que hablan de cosas que sucedían o sucedieron en el pasado. Usa los verbos en pretérito o en imperfecto, según el caso.

reunirse	confiar	obtener
obedecer	disfrutar	resolver

Modelo Yo tenía 18 años cuando _____*obtuve*_____ el permiso de manejar.

1. Eran las nueve de la mañana cuando los miembros del grupo _____.

2. Cuando era niño, mis amigos y yo siempre _____ de las vacaciones.

3. El juez nos dijo que nosotros no _____ la ley esa tarde.

4. Era mi mejor amiga y por eso siempre _____ en ella.

5. Hubo un problema grande, pero tú lo _____.

B. Completa el diálogo con el pretérito o el imperfecto de los verbos entre paréntesis para saber qué dicen Marcos y Ángela acerca de la manifestación.

MARCOS: No te vi en la manifestación. Yo creía que **(1.)** _____ *(querer)*

venir.

ÁNGELA: Es que yo no **(2.)** _____ *(saber)* que había una manifestación. Yo

lo **(3.)** _____ *(saber)* después. ¿Fue Ana contigo?

MARCOS: No, Ana **(4.)** _____ *(querer)* ir, pero no **(5.)** _____ *(poder)*.

Su abuela no se sentía bien y Ana no **(6.)** _____ *(querer)* dejarla

sola. Pero vino a la manifestación Javier Rodríguez.

ÁNGELA: ¿Quién es él? Yo no lo conozco.

MARCOS: Es un estudiante nuevo. Yo tampoco lo **(7.)** _____ *(conocer)*. Lo

(8.) _____ *(conocer)* allí, en la manifestación.

Realidades 3

Capítulo 10

Nombre _____

Fecha _____

Hora _____

Practice Workbook **10-3**

Conversación: Derechos y deberes

Raúl y sus padres, Fernando e Isabel, tienen una discusión porque Raúl ha llegado tarde a la casa. Completa las frases con las palabras apropiadas del recuadro para saber lo que dicen.

liobagn	nattar	bedeser	pesreto
araaldmtto	uijstiianc	ibtaelrd	

PADRE: Es la una de la mañana, Raúl. ¿Olvidaste que tenías que estar en casa para las

doce? Tú ya conoces las reglas de la casa.

RAÚL: Papá, no es justo, es una **(1.)** _____. Trata de comprenderme.

Uds. me **(2.)** _____ como a un niño pequeño. Tengo 17 años y

debo tener la **(3.)** _____ de decidir a qué hora vuelvo a casa.

MADRE: ¡Raúl! ¡No le hables así a tu papá! Te exigimos que nos trates con

(4.) _____. ¡Somos tus padres! A ti nunca te hemos

(5.) _____. Al contrario, siempre te hemos tratado bien.

RAÚL: Pero, mamá, tú y papá me **(6.)** _____ a hacer ciertas cosas y me

prohíben que haga otras. No me gustan estos **(7.)** _____. Creo

que debo tener más derechos. Creo que debemos hablar de estas cosas, porque

yo también tengo algo que decir.

MADRE: Bueno, mañana seguiremos hablando.

Realidades ③

Capítulo 10

Nombre _____

Fecha _____

Hora _____

Practice Workbook **10-4**

Expresar en otras palabras

Los estudiantes de la escuela "Simón Rodríguez" están hablando sobre los derechos y los deberes. Completa las frases para que tengan el mismo significado.

1. La escuela no permite que los estudiantes se vistan como quieran.

La escuela tiene un _____ de _____.

2. Todos son iguales ante la ley.

Hay _____ ante la ley.

3. Nadie puede maltratar a los niños.

Los niños no pueden estar _____ a maltratos.

4. No me hagan ir con Uds.

No me _____ a ir con Uds.

5. Quieren que yo sea feliz.

Quieren mi _____.

6. Los estudiantes no tienen que pagar sus estudios.

Los estudiantes reciben una enseñanza _____.

7. En los Estados Unidos las personas piensan y se expresan libremente.

En los Estados Unidos hay la _____ de _____ y

expresión.

8. El estudiante les hace caso a sus maestros.

El estudiante respeta la _____ de sus maestros.

9. Pueden decir lo que quieran sin miedo.

_____ de libertad de _____.

10. El gobierno tiene que aplicar las leyes.

El _____ tiene que aplicar las leyes.

Go **O**nline WEB CODE
jed-1002
PHSchool.com

Realidades 3

Capítulo 10

Nombre _____

Hora _____

Fecha _____

Practice Workbook **10-5**

Noticias del día

Alberto nos cuenta algunas noticias que ocurrieron hoy. Usa la voz pasiva y el pretérito para formar frases con los elementos dados.

Modelo   nuevas reglas / establecer / las autoridades
            Nuevas reglas fueron establecidas por las autoridades.

1. las responsabilidades del gobierno / discutir / en los periódicos

   _____

2. varios programas de salud / promover / las enfermeras de la ciudad

   _____

3. un discurso / leer / el presidente del país

   _____

4. varios temas / tratar / en el discurso

   _____

5. una nueva tienda de deportes / abrir / en el centro

   _____

6. muchos clientes / entrevistar / los reporteros

   _____

7. las opiniones de los clientes / escuchar / el público

   _____

8. el problema de la contaminación del río / resolver / un grupo de estudiantes

   _____

9. una campaña de limpieza / organizar / ellos

   _____

Realidades 3

Capítulo 10

Nombre

Hora

Fecha

Practice Workbook **10-6**

Ya no

Tú y tu amiga están hablando de cómo eran las cosas antes y cómo son ahora. Primero, completa la pregunta en el presente. Luego, contesta la pregunta en el pasado.

Modelo — ¿Los profesores insisten en que los muchachos _____*lleven*_____ (*llevar / aplicar*) una camisa blanca?

— *Antes insistían en que llevaran una camisa blanca. Ya no.*

1. —¿Los profesores piden que los estudiantes _____ (*sufrir / hacer*) tarea durante las vacaciones?

   _____

2. —¿La escuela permite que las reglas no _____ (*aplicarse / maltratar*) con igualdad?

   _____

3. —¿La escuela deja que los profesores _____ (*votar / abrir*) los armarios de los estudiantes?

   _____

4. —¿El director insiste en que _____ (*haber / gozar*) un código de vestimenta?

   _____

5. —¿Es posible que los estudiantes _____ (*sufrir / participar*) en todas las decisiones del colegio?

   _____

6. —¿Es necesario que los estudiantes _____ (*quedarse / saber*) hasta las cinco de la tarde?

   _____

7. —¿Se prohíbe que los estudiantes _____ (*sacar / tratar*) libros de la biblioteca?

   _____

8. —¿Exigen que los estudiantes _____ (*votar / levantarse*) cuando entra el profesor?

   _____

Go Online WEB CODE jed-1005
PHSchool.com

Conversando

Ahora tu amiga y tú hablan de lo que ha pasado en el colegio. Completa las conversaciones, usando el imperfecto del subjuntivo o el presente perfecto del subjuntivo.

Modelo — Bárbara no vino.
— Pero yo le dije _____que viniera._____

— Bárbara no ha venido.
— Me sorprende *que no haya venido.*_____

1. —Los estudiantes no estudiaron.

   —Pero el profesor les había pedido _____.

2. —Luisa no ha votado.

   —Me sorprende que _____.

3. —Los chicos se divirtieron.

   —Me alegro _____.

4. —Pedro no se puso una corbata.

   —Yo sé que su madre le dijo _____.

5. —Estos adolescentes se trataban con respeto.

   —El director del colegio les exigió _____.

6. —Este informe fue escrito por José Antonio.

   —Pero yo no creo _____.

7. —Estas reglas han sido establecidas por el director.

   —No nos gusta _____.

8. —Han prohibido las manifestaciones.

   —Me parece injusto _____.

Vivir en una democracia

¿Qué sabes de la democracia? Completa estas frases, escribiendo las palabras que correspondan de acuerdo a las letras en los espacios.

1. El ___ c ___ ___ ___ d ___, o la persona que se cree cometió un crimen,

tiene derecho a tener un ___ u ___ ___ i ___ rápido y público.

2. La libertad de palabra es algo importante en la democracia, y es un

___ ___ l ___ r qué mucha gente respeta.

3. Unos chicos tienen ideas y ___ r ___ ___ ___ n ___ ___ soluciones a los

conflictos del planeta, o problemas ___ ___ n ___ ___ ___ l ___ ___.

4. Las personas que vieron el accidente son los t ___ ___ ___ ___ g ___ ___

y ellos pueden ayudar a decidir si el acusado es ___ ___ l ___ ___ b ___ ___

o inocente.

5. La policía no puede arrestar ni ___ ___ t ___ n ___ ___ a una persona sin

acusarla de un crimen específico.

6. Nosotros creemos y ___ p ___ n ___ ___ ___ ___ que todos tienen

derecho a hacer las cosas que desean hacer y lograr sus

___ ___ p ___ r ___ ___ ___ ___ ___ e ___.

7. Los jóvenes hablan entre ellos para ___ ___ t ___ ___ c ___ ___ b ___ ___ ___

sus ideas y dar sus ___ r o ___ u ___ ___ ___ ___ ___ para resolver los

problemas del medio ambiente.

Club de la Democracia

Estos estudiantes han formado un club. Para saber de qué se trata, completa las frases, usando las palabras en paréntesis como pistas.

HILDA: Nuestro Club de la Democracia ya tiene 100 miembros. Es muy importante

que fomentemos las ideas y valores **(1.)** _____ *(de la democracia)*.

MARCO: En muchos países del mundo la gente no goza de la libertad, la

(2.) _____ *(ser iguales)* y la justicia.

PEDRO: Sí, son cosas que hay en una sociedad **(3.)** _____ *(con libertad)*

como la nuestra.

CHELO: Es cierto. No todos tienen la suerte de tener estos derechos

(4.) _____ *(principales)*.

TERESA: También hay muchas personas que no gozan de la libertad de

(5.) _____ *(periódicos y revistas)*.

MARÍA: Cierto. Y ése es un derecho que nos da acceso a diferentes

(6.) _____ *(opiniones)*.

MARCO: Ojalá que todo el mundo viviera en una sociedad sin

(7.) _____ *(falta de igualdades)* y oportunidad.

ROBERTO: Sí. **(8.)** _____ *(En vez de)* pelearse, todos podrían vivir

en armonía.

LUIS: Siempre hay que buscar soluciones **(9.)** _____ *(que evitan la guerra)*.

CARLOS: Creo que ése va a ser el **(10.)** _____ *(la meta)* de nuestro

nuevo club.

Realidades 3

Capítulo 10

Nombre _____

Fecha _____

Hora _____

Practice Workbook **10-10**

Hacia una sociedad mejor

Marta habla del progreso que ve en su sociedad cuando vuelve del extranjero. Usa los elementos sugeridos para escribir lo que dice. Usa el pluscuamperfecto del subjuntivo.

Modelo Se había garantizado la libertad de expresión. (Me alegré)

Me alegré de que se hubiera garantizado la libertad de expresión.

1. Las mujeres habían exigido la igualdad de derechos. (Me pareció bien)

   _____

2. Los trabajadores habían pedido mejor acceso a los hospitales. (Me gustó)

   _____

3. Habían decidido tratar mejor a los extranjeros. (Me pareció importante)

   _____

4. El gobierno había prometido proteger la libertad de prensa. (No pude creer)

   _____

5. Habían garantizado los derechos del acusado. (Me alegré)

   _____

6. Habían propuesto soluciones pacíficas a los conflictos con otros países. (Dudaba)

   _____

7. El gobierno había empezado a luchar contra el desempleo. (Fue bueno)

   _____

8. El país había mejorado tanto. (¡Cuánto me alegré!)

   _____

Realidades 3

Capítulo 10

Nombre _____

Fecha _____

Hora _____

Practice Workbook **10-11**

Nadie habría hecho eso

Di, en cada caso, que la persona mencionada habría actuado de otra manera en esa situación.

Modelo	Juan se sentía mal, pero corrió dos horas. ¿A ti te parece bien eso?

No, yo no habría corrido dos horas.

1. Marta estaba enferma, pero salió. ¿A Luisa le parece bien eso?

   _____

2. El agua del lago estaba muy fría, sin embargo nadé. ¿A ti te parece bien eso?

   _____

3. A Pablo no le cae bien Susana, pero él la invitó. ¿A Francisco le parece bien eso?

   _____

4. A mí no me gustó la decisión, pero la acepté. ¿A ti te parece bien eso?

   _____

5. Sarita tenía prisa y no respetó las reglas. ¿A Uds. les parece bien eso?

   _____

6. Marcos no preguntó y no se enteró del problema. ¿A los otros les parece bien eso?

   _____

7. No encontraron la evidencia porque no buscaron en la casa. ¿A Uds. les parece
   bien eso?

   _____

8. Ellos no comprendían el problema y no lo resolvieron. ¿A ti te parece bien eso?

   _____

9. Alfredo no puso atención y no propuso una solución. ¿A nuestros amigos les
   parece bien eso?

   _____

Realidades 3

Capítulo 10

Nombre _____

Hora _____

Fecha _____

Practice Workbook **10-12**

Las cosas habrían podido ser diferentes

Di cómo estas situaciones habrían podido ser diferentes. Usa frases completas con el condicional perfecto y el pluscuamperfecto del subjuntivo.

Modelo   Yo no estudié todos los días. No saqué buenas notas.

Si hubiera estudiado todos los días, habría sacado buenas notas.

1. Tú condujiste tan rápidamente. Te detuvo la policía.

_____

2. Pedro dejó abierta la puerta de su coche. Su coche desapareció.

_____

3. No hubo traductores. No comprendimos la conferencia.

_____

4. Esas personas no conocían sus derechos. No pudieron defenderse.

_____

5. No respetaron sus derechos. Lo arrestaron.

_____

6. Alicia no corrió bien en la carrera. No ganó el premio.

_____

7. Él no vio el accidente. No pudo ser testigo.

_____

8. No manejaron con cuidado. Tuvieron un accidente.

_____

Go Online
WEB CODE jed-1010
PHSchool.com

Realidades 3

Capítulo 10

Nombre _____

Hora _____

Fecha _____

Practice Workbook **10-13**

Organizer

I. Vocabulary

Para hablar de derechos y responsabilidades

_____

_____

_____

_____

_____

Para hablar de los derechos de los ciudadanos

_____

_____

_____

_____

_____

Para hablar del hogar

_____

_____

_____

_____

Para hablar de la escuela

_____

_____

_____

_____

Para hablar de los derechos de todos

_____

_____

_____

_____

Adjetivos y expresiones

_____

_____

_____

_____

Realidades 3

Capítulo 10

Nombre _____

Fecha _____

Hora _____

Practice Workbook **10-14**

II. Grammar

1. How do you form the passive voice?

   _____

2. Does the past participle form change in the passive voice? Explain.

   _____

3. After what tenses do you use the present subjunctive?

   _____   _____

   _____   _____

4. After what tenses do you use the imperfect subjunctive?

   _____   _____

   _____   _____

5. What forms can be used after *como si?*

   _____

6. How do you form the conditional perfect?

   _____

7. In sentences with *si* clauses referring to the past, what form of the verb is used in the *si* clause?

   _____

8. In sentences with *si* clauses referring to the past, what form of the verb is used in the main clause?

   _____

9. Give the conditional perfect of *ir:*

   _____   _____

   _____   _____

   _____   _____

Actividad 1

Vas a oír a tres estudiantes describir sus rutinas diarias. Mientras escuchas, pon las actividades indicadas en el orden correcto. Escribe los números uno, dos o tres al lado de la actividad de cada estudiante. El número uno corresponde a la primera actividad. Vas a oír cada descripción dos veces.

Marcos	**Orden de actividades**
Practica el fútbol.	
Ve la tele.	
Hace la tarea.	

Linda	**Orden de actividades**
Va al centro.	
Va al gimnasio.	
Hace la tarea.	

Susana	**Orden de actividades**
Navega en la Red.	
Estudia.	
Hace ejercicios.	

AUDIO

Actividad 2

Vas a oír a cinco estudiantes hablar de sus actividades y de lo que quieren hacer. Escucha sus comentarios. Luego, indica la oración que ofrece la mejor conclusión sobre lo que dice cada estudiante. Vas a oír cada comentario dos veces.

1. _____ Puede ir al partido de fútbol.

   _____ No puede ir al partido de fútbol.

2. _____ Se siente muy nervioso.

   _____ No se siente muy nervioso.

3. _____ Juega tenis esta noche.

   _____ No juega tenis esta noche.

4. _____ Quiere ir al baile.

   _____ No quiere ir al baile.

5. _____ Prefiere salir con sus amigos.

   _____ No prefiere salir con sus amigos.

Actividad 3

Vas a oír los comentarios de Elena sobre su rutina diaria. Mientras escuchas, escribe los números del 1 al 8 para poner las actividades de los dibujos en el orden correcto, según lo que dice ella. El número 1 corresponde a la primera actividad, y el número 8 corresponde a la última actividad. Vas a oír los comentarios de Elena dos veces.

_____

_____

_____

_____

_____

_____

_____

_____

Realidades 3

Para empezar

Nombre _____

Fecha _____

Hora _____

AUDIO

Actividad 4

Vas a oír a cinco estudiantes hablar de sus intereses. Escucha sus comentarios. Luego, indica la oración que ofrece la mejor conclusión sobre lo que dice cada estudiante. Vas a oír los comentarios dos veces.

1. _____ Le encantan las pinturas.

   _____ No le gustan las pinturas.

2. _____ Le importa estudiar mucho.

   _____ No le interesa estudiar mucho.

3. _____ Le gustan los programas de noticias.

   _____ No le interesan los programas de noticias.

4. _____ Le encanta jugar al béisbol.

   _____ No le gusta jugar al béisbol.

5. _____ Le importa tener una computadora y los aparatos electrónicos.

   _____ No le interesan las computadoras y los aparatos electrónicos.

Actividad 5

Vas a oír tres conversaciones breves. Mira los dibujos y escribe el nombre de la persona a la que pertenece cada artículo. Vas a oír cada conversación dos veces.

Personas posibles	**Artículos**
1. Diego, Lidia, Marcos	_____ _____
2. Beto, Olga, Tomás	_____ _____
3. Carmen, Elena, Teresa	_____ _____

Realidades 3

Para empezar

Nombre _____

Hora _____

Fecha _____

WRITING

Actividad 6

¿Qué haces normalmente? ¿Y tu familia y amigos? Rellena el horario de abajo con tus actividades, las de alguien de tu familia y las de un(a) amigo(a). Usa frases completas.

Lunes 5 de febrero

a.m.

8:00 *Me despierto y hago*

la cama. Luego como

el desayuno.

10:00 _____

_____

12:00 _____

_____

p.m.

2:00 _____

_____

4:00 _____

_____

6:00 _____

_____

8:00 _____

_____

Realidades 3

Nombre _____

Hora _____

Para empezar

Fecha _____

WRITING

Actividad 7

A. ¿Cuál es tu día favorito del año? Contesta las preguntas de abajo.

1. ¿Cuál es tu día favorito?

_____

2. ¿Por qué ese día es especial para ti?

_____

3. ¿Qué te gusta hacer ese día?

_____

4. ¿Qué personas están contigo?

_____

5. ¿Cómo se divierten?

_____

B. Ahora, usa tus respuestas para escribir una carta a un(a) amigo(a), explicándole cuál es tu día favorito del año.

Querido(a) _____ :

_____

_____

_____

_____

_____

_____

_____

_____

Saludos,

_____

Nombre _____   Hora _____

Fecha _____

AUDIO

Actividad 1

Unos jóvenes hablan de sus aventuras de cámping en lugares diferentes. Ellos describen adónde fueron, qué sucedió mientras acampaban y qué perdieron o dejaron. Lee las frases de la tabla. Luego, escucha las historias y escribe el número de cada joven en el espacio en blanco al lado de la palabra correspondiente. Vas a oír cada historia dos veces.

¿Adónde fueron?	¿Qué les sucedió?	¿Qué perdieron o dejaron?
un lago _____	oyeron un ruido y corrieron _____	la linterna _____
un bosque _____	se perdieron _____	la brújula _____
las montañas _____	apareció un oso _____	los binoculares _____
el desierto _____	empezó a caer granizo _____	el saco de dormir _____
el parque nacional _____	se torció el tobillo _____	la tienda de acampar _____

Actividad 2

Escucha a estas personas mientras hablan sobre lo que les sucedió cuando fueron de cámping. Escribe el número de la descripción debajo del dibujo correspondiente. Vas a oír cada descripción dos veces.

_____

_____

_____

_____

_____

_____

Realidades ❸

Capítulo 1

Nombre _____

Hora _____

Fecha _____

AUDIO

Actividad 3

Los estudiantes del Colegio Martín se reúnen después de las competencias de fin de año. Todos quieren saber qué premios ganó la escuela. Escucha a Juan, a Teresa y a Antonio mientras dicen adónde fueron, cuál fue su secreto para ganar y qué premio obtuvieron. Escribe la primera letra del nombre de la persona debajo del dibujo correspondiente. Vas a oír cada comentario dos veces.

¿Dónde tuvo lugar?	El secreto para ganar	¿Qué premio ganó?

Nombre _____

Hora _____

Fecha _____

AUDIO

Actividad 4

Todos estos jóvenes jugaban al fútbol cuando eran pequeños. Sin embargo, no todos hacían las mismas cosas. Escucha lo que dice cada uno y luego escribe el número de la descripción al lado del dibujo correspondiente. Vas a oír cada descripción dos veces.

_____

_____

_____

_____

_____

_____

Realidades 3

Capítulo 1

Nombre _____

Hora _____

Fecha _____

AUDIO

Actividad 5

Ayer en su programa de entrevistas "Dime la Verdad", Lola Lozano tuvo como invitados a un grupo de jóvenes de las universidades de Chile. Ellos hablaron de sus viajes inolvidables de cámping. Mientras escuchas cada descripción, escribe en la tabla adónde fue cada persona. Luego encierra en un círculo la respuesta correcta de las demás preguntas. Vas a oír cada descripción dos veces.

	¿Adónde fue?	¿Por qué fue allí?	¿Qué tuvo que llevar?	¿Qué sucedió allí?
1.	a las montañas	para ir de cámping para escalarlas	unos zapatos especiales una mochila	empezó a caer granizo se perdió
2.		para pescar para ir de cámping	unos binoculares la tienda de acampar	comenzó a llover los asustó un oso
3.		para dar un paseo para buscar un refugio	la brújula la linterna	vio unos relámpagos se torció el tobillo
4.		para dar un paseo para pescar	el saco de dormir el repelente de insectos	se perdieron escalaron una roca

Actividad 6

El fin de semana pasado, Rocío y Gerardo fueron de cámping con unos amigos. Usa las pistas (*clues*) que te dan para completar las frases y el crucigrama.

Horizontal

4. Luego de subir la _____, pudimos ver el hermoso paisaje.

8. Escalamos una _____ muy grande.

10. Cada persona trajo su _____ de dormir.

12. Trajimos una _____ para no perdernos.

13. _____ rocas no es peligroso, si te preparas bien.

16. Al _____ hicimos una fogata.

17. Dimos un paseo por el _____ de árboles.

Vertical

1. ¡Está muy oscuro! Necesito una _____.

2. Vimos un _____ en el cielo y luego, ¡empezó a llover!

3. Llevamos los _____ para observar los animales.

5. Antes de que lloviera, oímos un _____.

6. Me gusta observar plantas y animales porque me encanta la _____.

7. Tengo un _____ de insectos porque hay muchos mosquitos.

9. Nos levantamos temprano al _____.

11. Hay un _____ entre esas montañas.

14. Vamos a refugiarnos en la tienda de _____.

15. En el _____ hace mucho calor y casi no hay plantas.

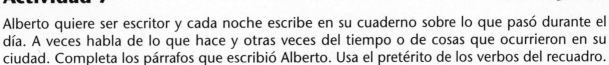

Nombre _____ Hora _____

Fecha _____

WRITING

Actividad 7

Alberto quiere ser escritor y cada noche escribe en su cuaderno sobre lo que pasó durante el día. A veces habla de lo que hace y otras veces del tiempo o de cosas que ocurrieron en su ciudad. Completa los párrafos que escribió Alberto. Usa el pretérito de los verbos del recuadro.

entrar	creer	leer	ser	caer
tener	destruir	oír	romper	

3 de abril de 2003

¡Ayer hubo una gran tormenta!

_____ .

_____ .

_____ .

_____ .

_____ .

Hoy, sin embargo, fue un día hermoso.

4 de abril de 2003

Ayer, pensamos que un ladrón entró a la casa.

_____ .

_____ .

_____ .

_____ .

Al final, todo salió bien.

WRITING

Actividad 8

En su viaje al Parque Natural Torres del Paine, tus amigos y tú sacaron muchas fotos de lo que vieron y lo que hicieron. Al volver a casa, decides ponerlas en un álbum. Usando frases completas, escribe un pie de foto (caption) para cada una de las fotografías.

En el Parque Natural Torres del Paine

Modelo

(poder) *Jorge pudo escalar la montaña. Cuando llegó arriba, pudo ver el hermoso paisaje.*

1. (poner) _____

_____

_____

2. (andar) _____

_____

_____

3. (estar) _____

_____

_____

4. (traer) _____

_____

_____

Realidades 3

Nombre

Hora

Capítulo 1

Fecha

WRITING

Actividad 9

¿Qué pasó aquí? Mira lo que hicieron estos jóvenes y escribe por lo menos seis frases para describir la escena. La primera frase ya está hecha.

1. *Marcelo le pidió el repelente de insectos a Sandra.*

2. _____

3. _____

4. _____

5. _____

6. _____

7. _____

8. _____

9. _____

10. _____

Realidades 3

Capítulo 1

Nombre _____

Fecha _____

Hora _____

WRITING

Actividad 10

¿Qué palabras usas para hablar de competencias deportivas? Escribe la respuesta para cada definición y luego busca la palabra en el tablero.

1. El deportista que está en una competencia es un _____.

2. El (la) ganador(a) del primer lugar recibe un _____.

3. Para participar en la carrera, debes llenar la _____.

4. Mi _____ era conseguir el primer lugar.

5. Yo iba todos los días al _____ para ser mejor atleta.

6. Yo fui el representante de mi escuela en la _____ de 100 metros.

7. "¡_____!" dijo mi hermana cuando gané.

8. Quiero _____ el primer lugar en esa competencia.

9. Mi equipo de básquetbol va a _____ al tuyo.

10. El público estaba muy _____ cuando vio que Ana ganó.

```
T  R  O  P  H  I  A  N  M  E  E  T  A  F  I  N
G  R  I  N  S  C  R  I  P  C  I  Ó  N  E  T  Y
O  M  E  T  T  A  E  H  A  V  Q  U  T  L  P  Y
A  S  P  Ó  M  I  C  O  Z  E  G  R  B  I  H  P
T  A  R  A  T  T  Q  V  A  N  I  S  P  C  A  A
S  C  A  R  I  R  A  D  D  C  W  A  B  I  N  R
E  N  T  R  E  N  A  M  I  E  N  T  O  T  I  I
N  R  P  H  K  F  B  C  E  R  F  R  O  A  M  P
T  E  B  L  U  T  A  A  E  T  X  O  L  C  A  A
R  L  E  X  W  H  R  O  C  U  A  F  H  I  D  R
A  Ó  B  T  E  E  R  V  B  S  F  E  K  O  O  T
D  C  F  B  R  T  K  E  U  T  U  O  H  N  E  O
U  A  Z  R  E  J  R  D  A  T  E  A  L  E  L  K
M  L  A  P  B  T  U  D  C  M  X  N  Z  S  O  L
R  C  E  R  H  W  R  I  N  S  C  R  E  S  N  F
Y  P  A  R  T  I  C  I  P  A  N  T  E  R  A  F
```

Realidades 3

Capítulo 1

Nombre _____

Hora _____

Fecha _____

WRITING

Actividad 11

Eres un(a) reportero(a) que trabaja para Radio "Super Deportes". Vas a dar información sobre las Olimpiadas Estudiantiles de tu escuela. Observa lo que pasa en la escena. Luego, escribe por lo menos siete frases sobre lo que ves. Hemos escrito la primera frase para ayudarte.

1. _Los atletas participaban en la carrera._

2. _____

3. _____

4. _____

5. _____

6. _____

7. _____

8. _____

9. _____

Realidades 3

Nombre _____

Hora _____

Capítulo 1

Fecha _____

WRITING

Actividad 12

Imagínate que eres un(a) atleta famoso(a) y que tienes tu propia página Web. En tu página tienes una sección de preguntas y respuestas, y ahora ¡te toca responder las preguntas de tus aficionados! Primero completa la información y luego responde las preguntas.

Nombre de tu página Web: _____

Deporte que practicas: _____

1. ¿Qué deportes practicabas de niño? *Juan Robero, Caracas, Venezuela*

_____

_____

_____

_____

2. ¿Qué actividades te gustaba hacer con tus amigos? *Melissa Paredes, Madrid, España*

_____

_____

_____

_____

3. ¿Cómo fue tu primera competencia profesional? ¿Cómo reaccionaron tus padres? *Humberto Flores, Houston, Texas*

_____

_____

_____

_____

4. ¿Cuándo fue tu última competencia? ¿Dónde fue y qué pasó? *Bianca Cervantes, Buenos Aires, Argentina*

_____

_____

_____

_____

WRITING

Actividad 13

A. Imagina que cuando eras pequeño(a), tu compañero(a) y tú entrenaban cada día para una competencia deportiva de la escuela. Primero, contesta las preguntas.

1. ¿Qué actividades haces durante un entrenamiento?

_____

2. ¿Qué ocurre durante una competencia?

_____

3. ¿Cómo se siente un(a) atleta cuando se entrena y cuando compite?

_____

B. Ahora, usa las respuestas para escribir una carta a un miembro de tu familia o a un(a) amigo(a), recordando qué hacían y qué sentían tu compañero(a) y tú. Usa el pretérito o el imperfecto de los verbos del recuadro.

entrenarse	vencer	eliminar	emocionarse
alcanzar	inscribirse	participar	levantarse

Querido(a) _____ _____ :

_____

_____

_____

_____

_____

_____

_____

_____

_____

¡Adiós!

Realidades 3

Capítulo 1

Nombre _____

Hora _____

Fecha _____

VIDEO

Antes de ver el video
Actividad 14

¿Qué actividades puedes hacer en los siguientes lugares?

1. _____

2. _____

3. _____

4. _____

¿Comprendes?
Actividad 15

Lee las siguientes frases y escribe C si son ciertas o F si son falsas, según el video.

a. Todos los países hispanohablantes tienen el mismo clima. _____

b. En Colombia y Ecuador hay grandes cadenas de montañas. _____

c. En todos los países hispanohablantes se puede practicar deportes al aire libre. _____

d. La Vuelta Ciclista a España no es una carrera muy conocida. _____

e. Una parte de la Vuelta Ciclista se hace en Francia. _____

Realidades 3

Capítulo 1

Nombre _____

Hora _____

Fecha _____

VIDEO

Actividad 16

Contesta las preguntas, según la información del video.

1. ¿En qué países hispanohablantes es igual el clima casi todo el año? Menciona dos.

   _____

2. ¿Qué son dos tipos de paisajes que puedes encontrar en los países hispanohablantes?

   _____

3. ¿Qué deportes se practican en los países hispanohablantes? Menciona cuatro.

   _____

4. ¿Quiénes compiten en la Vuelta Ciclista a España?

   _____

5. ¿Cuál es una de las partes más difíciles de la Vuelta?

   _____

Y, ¿qué más?

Actividad 17

Contesta las siguientes preguntas.

1. De los lugares que has visto en el video, ¿adónde te gustaría ir de viaje?

   _____

2. ¿Qué actividades te gustaría hacer allí?

   _____

3. Cuando eras pequeño(a), ¿qué deportes practicabas?

   _____

4. Cuenta la experiencia que tú o alguien que conoces tuvieron en una competencia deportiva.

   _____

   _____

AUDIO

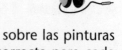

Actividad 1

Un grupo de estudiantes decidió visitar un museo de arte. El guía les habló sobre las pinturas que vieron. Mientras escuchas al guía, encierra en un círculo la respuesta correcta para cada categoría en la tabla. Vas a oír cada explicación dos veces.

	El estilo	**Los colores**	**El sujeto**	**La fuente de inspiración**
Velasco	Realista Abstracto	Vivos Oscuros	Personas La vida diaria Paisajes Un evento histórico	Otros pintores La familia y los amigos La historia
Guyo	Realista Abstracto	Vivos Oscuros	Personas La vida diaria Paisajes Un evento histórico	Otros pintores La familia y los amigos La historia
El Bravo	Realista Abstracto	Vivos Oscuros	Personas La vida diaria Paisajes Un evento histórico	Otros pintores La familia y los amigos La historia
Moldini	Realista Abstracto	Vivos Oscuros	Personas La vida diaria Paisajes Un evento histórico	Otros pintores La familia y los amigos La historia

Realidades 3

Capítulo 2

Nombre _____

Hora _____

Fecha _____

AUDIO

Actividad 2

El año pasado, los miembros del Club de español pintaron un mural para la escuela. Ahora están hablando sobre la foto que su profesora sacó de ese proyecto. Mira el dibujo mientras escuchas las descripciones de la foto. Escribe el número de la descripción en el espacio que corresponde a cada persona. Vas a oír cada conversación dos veces.

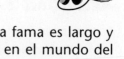

Actividad 3

Mucha gente tiene sueños de hacerse *(become)* famosa, pero el camino a la fama es largo y duro. Escucha a estos jóvenes mientras describen sus primeras experiencias en el mundo del arte. Después, mira los dibujos y decide qué quiere ser cada persona. Escribe el número de la persona que habla debajo del dibujo correspondiente. Vas a oír cada descripción dos veces.

_____   _____   _____   _____

Actividad 4

Ayer en su programa de entrevistas "Dime la Verdad", Lola Lozano tuvo como invitados a un grupo de actores, músicos, bailarines y poetas jóvenes. Cada uno habló de un evento que cambió su vida. Escucha los comentarios y toma apuntes sobre cada persona. Luego, en la tabla, escribe qué o quién cambió la vida de cada artista. Vas a oír cada comentario dos veces.

MIS APUNTES

Juan Luis:	
Rita:	
Mario:	
Sara:	
Tito:	

Juan Luis	
Rita	
Mario	
Sara	
Tito	

Realidades 3

Capítulo 2

Nombre _____

Hora _____

Fecha _____

AUDIO

Actividad 5

Escucha los comentarios sobre algunos eventos que ocurrieron la semana pasada en la ciudad de Madrid. Indica de qué trataba cada evento: escultura, danza, poesía, música o pintura. Después, escribe por qué fue especial cada evento. No necesitas usar frases completas. Vas a oír cada comentario dos veces.

	Tipo de evento	**Fue especial porque . . .**
1.	escultura danza poesía música pintura	
2.	escultura danza poesía música pintura	
3.	escultura danza poesía música pintura	
4.	escultura danza poesía música pintura	
5.	escultura danza poesía música pintura	

Realidades 3

Nombre _____

Hora _____

Capítulo 2

Fecha _____

WRITING

Actividad 6

¿Cuánto sabes de arte? Completa las pistas y luego busca las palabras relacionadas con arte en la sopa de letras.

1. Esta pintura no representa algo real. Es un cuadro _____.

2. Los artistas pueden hacer tazas de _____.

3. Muchas pinturas tienen figuras adelante, en primer _____.

4. Atrás, en el _____ de la pintura de la Mona Lisa, hay un paisaje.

5. Muchos artistas se _____ en la naturaleza para pintar.

6. Para pintar, necesitas pinturas y un _____.

7. El pintor mezcla los colores en la _____.

8. En clase de arte pintamos un _____ grande en la pared de la escuela.

9. Sofía hizo un _____ de su hermano, el cual se parece mucho a ella.

10. Los artistas trabajan en su _____, en donde tienen todos sus materiales.

```
J  C  M  P  W  E  L  U  A  I  O  J  J  Á  F
P  D  E  M  I  Y  N  R  N  B  Z  Y  Q  Y
C  S  L  R  N  N  U  S  X  S  V  V  C  C  L
P  W  P  S  Á  T  C  Q  O  P  T  J  F  D  Q
I  M  W  K  L  M  E  E  N  I  A  I  N  T  L
X  P  Q  U  S  S  I  W  L  R  L  C  A  P  O
U  E  C  E  L  L  S  C  U  A  L  R  M  T  K
R  S  F  A  Z  O  W  R  A  N  E  Z  A  U  W
E  T  R  U  X  Q  E  R  L  E  R  R  J  Z  U
H  U  F  O  N  D  O  D  R  S  T  X  A  C  P
M  H  D  T  W  K  D  C  F  E  C  T  W  Z  L
P  A  L  E  T  A  N  I  R  X  J  K  X  Q  A
A  B  S  T  R  A  C  T  O  I  H  C  P  Á  N
D  D  O  Q  G  C  Á  H  L  L  L  F  N  Z  O
H  F  H  T  B  D  X  D  Q  L  I  F  L  Z  Y
```

Actividad 7

Durante el recreo, tu amigo(a) y tú cambian anécdotas e historias de su infancia *(childhood)*. Explícale algo divertido que te pasó (puede ser real o inventado).

— ¿Te pasó alguna vez algo divertido en la escuela o en otro lugar?

— _____

— ¿Con quién(es) estabas?

— _____

— ¿Cómo era el lugar?

— _____

— ¿Qué pasó después?

— _____

— ¿Qué estaban haciendo allí?

— _____

— ¿Qué fue lo más cómico?

— _____

— ¿Qué dijeron los demás?

— _____

— ¿Qué dijiste tú?

— _____

— ¿Cómo te sentías?

— _____

Actividad 8

Tu amigo(a) y tú están visitando un museo. Tú decides tomar apuntes para escribir un artículo para el periódico de tu escuela. Escribe frases completas que describen la escena. Usa el verbo *estar* + participio para describir lo que ves.

Modelo   *El niño está aburrido.*

1. _____

2. _____

3. _____

4. _____

5. _____

6. _____

7. _____

8. _____

9. _____

10. _____

Nombre _____   Hora _____

Fecha _____

Actividad 9

Ahora que aprendiste tantas cosas sobre arte, ¡podrías escribir un artículo! Inventa un artista y escribe un artículo sobre él o ella.

A. Primero, contesta las preguntas.

1. ¿Cómo se llama el(la) artista?

   _____

2. ¿Dónde y cuándo nació?

   _____

3. ¿Cuál es su actividad artística?

   _____

4. ¿Cómo se llama su obra más conocida?

   _____

5. Describe la obra.

   _____

   _____

   _____

B. Ahora, usa tus respuestas para escribir un artículo.

Artículo de arte sobre _____

_____

_____

_____

_____

_____

_____

_____

_____

_____

_____

Nombre _____ Hora _____

Fecha _____

Actividad 10

La Feria de las Artes no ha tenido éxito. ¿Sabes por qué? ¡Porque faltan cosas! Describe lo que falta en cada caso. Luego responde la pregunta.

1. _A la vendedora le faltan las entradas._ _____

2. _____

3. _____

4. _____

5. _____

6. _____

7. _____

8. ¿Qué más te gustaría ver en esta feria? _____

_____

_____

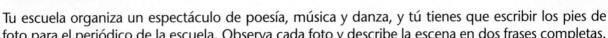

Realidades ③

Capítulo 2

Nombre _____

Hora _____

Fecha _____

WRITING

Actividad 11

Tu escuela organiza un espectáculo de poesía, música y danza, y tú tienes que escribir los pies de foto para el periódico de la escuela. Observa cada foto y describe la escena en dos frases completas.

1. _____

_____

_____

2. _____

_____

_____

3. _____

_____

_____

4. _____

_____

_____

5. _____

_____

_____

6. _____

_____

_____

Realidades 3

Capítulo 2

Nombre _____

Fecha _____

Hora _____

WRITING

Actividad 12

Un(a) amigo(a) y tú están conversando sobre el espectáculo de música y baile de la escuela. Escribe un diálogo entre Uds. dos sobre lo que ven. Usa cada uno de los verbos del recuadro caja dos veces: una vez en pretérito y otra vez en imperfecto.

— Yo no sabía que el concierto empezaba tan
   tarde . . .
— Yo lo supe ayer.

Modelo

| saber | querer |
| poder | conocer |

_____

_____

_____

_____

_____

_____

_____

_____

_____

_____

_____

_____

_____

Actividad 13

El espectáculo de tu escuela fue un éxito y ahora tienes que escribir tres noticias para el periódico de tu comunidad sobre lo que ocurrió. Completa las noticias que acompañan cada fotografía.

Gran éxito de la semana cultural

El grupo de baile de la escuela realizó

¡La actuación de Los Ritmos del Caribe fue espectacular!

_____
_____
_____
_____
_____
_____
_____

_____
_____
_____
_____
_____

La obra de teatro "¿Dónde estás, Susana?" recibió un gran aplauso.

_____
_____
_____
_____
_____

Realidades 3

Capítulo 2

Nombre _____

Hora _____

Fecha _____

VIDEO

Antes de ver el video

Actividad 14

Menciona cinco artistas hispanoamericanos que conozcas. Completa la tabla con una obra conocida de cada uno.

ARTISTA	OBRA

¿Comprendes?

Actividad 15

Según lo que viste en el video, empareja cada artista con las palabras/frases que le refiera(n).

_____ **1.** Isabel Allende

_____ **2.** Diego Rivera

_____ **3.** Gabriel García Márquez

_____ **4.** Juanito Pascual

_____ **5.** Fernanda Cajide

a. muralista

b. una autora chilena

c. su arte le permite expresar todas las emociones de la vida

d. su obra, *El amor en los tiempos del cólera,* es bien conocida por todo el mundo

e. su arte se asocia con el sur de España

Actividad 16

Lee las siguientes frases y escribe *C* si son ciertas o *F* si son falsas, según el video.

1. El arte es una forma de expresión. _____

2. Gabriel García Márquez es famoso por sus pinturas. _____

3. Diego Rivera pintó la historia de México en sus murales. _____

4. El flamenco se identifica con los argentinos. _____

5. Los elementos más importantes del flamenco son el canto, el baile y el toque. _____

6. El tango es un baile argentino. _____

Y, ¿qué más?

Actividad 17

Contesta las siguientes preguntas.

1. ¿Cuál es tu artista favorito(a)?

    _____

2. ¿Qué tipo de arte hace?

    _____

3. Menciona alguna de sus obras más conocidas.

    _____

    _____

4. Describe una de sus obras para alguien que no la conozca.

    _____

    _____

    _____

Realidades 3

Capítulo 3

Nombre

Fecha

Hora

AUDIO

Actividad 1

La Dra. Blanco tiene un programa de radio sobre la salud y la nutrición. Durante el programa, ella recibe llamadas de varias personas que describen sus problemas y piden consejos *(advice)* a la doctora. Primero, mira las ilustraciones de las cinco personas que llaman durante el programa. Luego, escucha los consejos de la doctora y escribe el número del consejo que mejor soluciona el problema de cada persona. Vas a oír los consejos de la doctora dos veces.

Persona que llama	Número del consejo
Mario:	
Elena:	
Luis:	
Gregorio:	
Marta:	

Actividad 2

Manuel está trabajando en la oficina de la enfermera, ayudándola con los pacientes que vienen para pedirle ayuda y consejos. Escucha los comentarios de Manuel. Luego, encierra en un círculo el consejo que le da a cada persona. Vas a oír cada grupo de comentarios dos veces.

Persona	Consejo
Sra. Gómez	quédese parada / tome estas aspirinas / evite la comida basura
Roberto	come mucho / toma un jarabe / haz dieta
Sr. Barros	compre un termómetro / tome estos antibióticos / evite la comida basura
Laura	toma una aspirina / tómate la temperatura / toma un jarabe
Luis	evita la comida basura / salta una comida / come cuatro veces al día
Sra. Noriega	tome dos aspirinas / no tome este jarabe / no tome antibióticos

Actividad 3

Amalia acaba de pasar un mes muy activo porque decidió ponerse en forma. Escucha la conversación que tiene con su amiga Carla. Luego, escoge la actividad que hizo Amalia cada semana del mes, y el consejo que le dio Carla. Escribe el número de la actividad y la letra del consejo en la tabla al lado de la semana que corresponde. No todas las respuestas se usan. Vas a oír la conversación dos veces.

Lo que hizo Amalia	El consejo de Carla
1. Hizo ejercicios aeróbicos.	a. estirarse para evitar calambres
2. Preparó una dieta nutritiva.	b. respirar por la nariz
3. Hizo flexiones.	c. beber mucha agua
4. Nadó en la piscina.	d. concentrarse en no perder el equilibrio
5. Hizo yoga.	e. saltar una comida

Semana	Lo que hizo Amalia	El consejo de Carla
primera		
segunda		
tercera		
última		

Realidades 3

Capítulo 3

Nombre _____

Hora _____

Fecha _____

AUDIO

Actividad 4

El padre de Carlos es médico y muchos de sus pacientes lo llaman a la casa para pedir consejos. Carlos tiene quince años y quiere ser médico un día. Cuando su papá no está, Carlos contesta el teléfono porque le gusta dar sus propios consejos a los clientes. ¡El problema es que a veces los consejos de Carlos no son muy buenos o muy lógicos! Vas a escuchar tres conversaciones. Primero, escribe por lo menos un síntoma de cada persona en la tabla. No hay que escribir frases completas. Luego, escucha el consejo de Carlos e indica si es lógico o ilógico. Vas a oír cada conversación dos veces.

Persona	Síntoma	Consejo de Carlos
La Srta. Candelaria		lógico / ilógico
El Sr. Reyes		lógico / ilógico
La Sra. Mendoza		lógico / ilógico

Actividad 5

Vas a oír comentarios de cuatro personas que están preocupadas por unos jóvenes que conocen. Mira los dibujos. Luego, mientras escuchas los comentarios, escoge lo que necesita cada persona y escribe su nombre al lado del dibujo correspondiente. Vas a oír cada comentario dos veces.

Persona	Consejo
_____	
_____	
_____	
_____	

Realidades ③

Capítulo 3

Nombre

Fecha

Hora

WRITING

Actividad 6

¿Qué haces cuando no te sientes bien? Mira las ilustraciones y di qué tiene que hacer la gente en cada situación o cuándo se usa cada medicamento.

Modelo

Las personas deben evitar la comida basura. No es una alimentación saludable. Las personas deben seguir una dieta balanceada.

1. _____

2. _____

3. _____

4. _____

5. _____

6. _____

Nombre _____ Hora _____

Fecha _____

WRITING

Actividad 7

Trabajas en un sitio web de salud. Lee los correos electrónicos que han mandado dos de tus lectores y contéstales, dándoles tus consejos.

Modelo   Me duele la cabeza. Duermo sólo cinco horas diarias y estoy muy cansado.

Toma una aspirina y duerme más.

No sé qué me pasa. Creo que tengo fiebre y ¡no paro de estornudar! Además, me duele el oído. ¿Qué tengo que hacer?

Enferma y cansada

_____

_____

_____

_____

_____

Estoy preocupado por mi dieta. Hoy he comido mucho y estoy muy lleno. ¡Estaba muy aburrido! Quiero tener una dieta saludable y también tener los huesos fuertes. ¿Qué me aconsejas?

Deportista de sofá

_____

_____

_____

_____

_____

Realidades **3**

Capítulo 3

Nombre _____

Hora _____

Fecha _____

WRITING

Actividad 8

Tienes un(a) amigo(a) que nunca hace las cosas bien. Escríbele una carta explicándole las cosas que NO debe hacer para estar saludable.

Modelo *Para perder peso ¡no te saltes una comida!*

Hola _____:

Para estar saludable . . .

_____

_____

_____

_____

_____

_____

_____

_____

_____

_____

_____

_____

_____

_____

_____

¡Buena suerte!

_____

Nombre _____ Hora _____

Fecha _____

WRITING

Actividad 9

Imagina que eres un(a) doctor(a). Escribe en la receta un párrafo corto para aconsejar a cada paciente.

Modelo   *Tome dos aspirinas.* _____

1. _____
_____

2. _____
_____
_____

3. _____
_____
_____

4. _____
_____
_____

5. _____
_____
_____

6. _____
_____

Realidades **3**

Nombre _____

Hora _____

Capítulo 3

Fecha _____

WRITING

Actividad 10

Sara quiere prepararse bien para correr el maratón de su ciudad. Mira las ilustraciones y escribe un párrafo corto para describir su horario de entrenamiento.

_____

_____

_____

_____

_____

_____

_____

_____

_____

_____

Realidades 3

Capítulo 3

Nombre _____

Hora _____

Fecha _____

WRITING

Actividad 11

Estás diseñando un programa de computadoras que ayuda a la gente a vivir mejor. Escribe las respuestas que da el entrenador electrónico, "Trey Nerr", a las preguntas que le hacen diferentes personas.

Modelo ¿Cómo debe respirar Selena cuando hace ejercicios?

Trey Nerr le aconseja que respire profundamente y
le dice que respire por la nariz y por la boca.

1. ¿Qué puede hacer Andrés para no estar estresado?

   _____

   _____

2. Yo me caigo del sueño. ¿Qué hago?

   _____

   _____

3. María quiere ser más fuerte. ¿Qué ejercicios debe hacer?

   _____

   _____

4. Mis hermanos siempre están de mal humor. ¿Qué deben hacer?

   _____

   _____

5. Joaquín y Filomena quieren mejorar sus hábitos alimenticios. ¿Qué deben comer?

   _____

   _____

6. Pilar quiere correr un maratón. ¿Cómo debe prepararse?

   _____

   _____

Realidades 3

Capítulo 3

Nombre _____

Fecha _____

Hora _____

WRITING

Actividad 12

Ahora, tú eres el (la) entrenador(a). Escribe tres cosas que le recomiendas a cada estudiante, según el dibujo.

Modelo

A Sandra le digo que no salte comidas.
También le recomiendo que siga una dieta
equilibrada y que corra todos los días.

1. _____

_____

_____

_____

2. _____

_____

_____

_____

3. _____

_____

_____

_____

4. _____

_____

_____

_____

Actividad 13

A. Escribes la columna de consejos en el periódico de tu escuela. Primero haz una lista de consejos sobre cómo llevar una vida saludable.

1. _____

2. _____

3. _____

4. _____

B. Ahora, escribe un artículo usando la lista que hiciste en la Parte A.

Realidades 3

Capítulo 3

Nombre _____

Hora _____

Fecha _____

VIDEO

Antes de ver el video

Actividad 14

Numera del 1 al 6, en orden de importancia para ti, los siguientes aspectos de la vida saludable.

1. Tener una dieta equilibrada _____

2. Estar en forma _____

3. Comer rápidamente _____

4. Hacer ejercicio _____

5. Hacer yoga o meditar _____

6. Tomar muchas medicinas _____

¿Comprendes?

Actividad 15

Según lo que viste en el video, escribe dos tratamientos de medicina convencional y otros dos de medicina natural en América Latina.

Medicina convencional

1. _____

2. _____

Medicina alternativa

1. _____

2. _____

Actividad 16

Según la información del video, elige la opción correcta para completar cada frase.

1. La rapidez con que vivimos es la causa principal de
   a. nuestros hábitos.   **b.** el estrés.

2. Se puede reducir el estrés
   a. cambiando los hábitos alimenticios.   **b.** tomando jarabes y aspirinas.

3. Ir al gimnasio es muy beneficioso
   a. para el corazón.   **b.** para el yoga.

4. Con exámenes de rutina se puede
   a. reducir el estrés.   **b.** prevenir las enfermedades.

5. Las medicinas homeopáticas se preparan
   a. con elementos de la naturaleza.   **b.** con meditación.

Y, ¿qué más?

Actividad 17

Contesta las siguientes preguntas.

1. ¿Crees que tu estilo de vida es saludable? ¿Por qué?

   _____

   _____

2. ¿Qué haces para estar en forma?

   _____

   _____

3. ¿Cómo evitas el estrés?

   _____

   _____

4. ¿Piensas que tus hábitos alimenticios son saludables? ¿Por qué?

   _____

   _____

Actividad 1

Vas a escuchar los comentarios de cinco amigos. Mientras escuchas, escoge una de las características de la caja y escríbela al lado de la persona a quien mejor describe. Sólo vas a usar *cinco* características. Vas a oír los comentarios de cada persona dos veces.

celoso(a)	chismoso(a)	comprensivo(a)
egoísta	honesto(a)	vanidoso(a)

Persona	Característica
Luisa	
Marcos	
Rebeca	
Julio	
Sara	

Actividad 2

¡Gregorio siempre cree que tiene razón! Escucha sus comentarios sobre las relaciones personales. Decide si su opinión es lógica o ilógica e indícalo en la siguiente tabla. Vas a oír sus comentarios dos veces.

Opinión	¿Lógica o ilógica?
1.	lógica / ilógica
2.	lógica / ilógica
3.	lógica / ilógica
4.	lógica / ilógica
5.	lógica / ilógica

Actividad 3

Vas a escuchar cinco conversaciones breves. Mientras escuchas, escoge el dibujo que mejor representa cada conversación y escribe el número de la conversación al lado del dibujo. Solamente vas a escribir los números de *cuatro* de las cinco conversaciones. Vas a oír cada conversación dos veces.

_____

_____

_____

_____

Realidades ❸

Capítulo 4

Nombre _____

Hora _____

Fecha _____

AUDIO

Actividad 4

Hoy Enrique tiene varios problemas. Escucha mientras él cuenta sus problema a unos amigos. Después de oír cada problema, escoge la letra de la respuesta del amigo o de la amiga que mejor corresponde a lo que dijo Enrique. Vas a oír cada problema de Enrique dos veces.

_____ **1.** Leticia le responde . . .

   a. Bueno, reconciliémonos ahora, ¿de acuerdo?

   b. Vamos a hablar con Luis. ¿Está bien?

   c. Critiquemos a Luis.

_____ **2.** Teresa le responde . . .

   a. Hablemos con Guillermo para decirle que estás enojado.

   b. Felicitemos a Guillermo.

   c. Vamos a pedirle perdón a Guillermo.

_____ **3.** Alfredo le responde . . .

   a. Sí, hagamos las paces.

   b. No vamos a pedirle perdón a él.

   c. No hagamos caso a sus acusaciones.

_____ **4.** Fernando le responde . . .

   a. Pidámosle perdón al Sr. Sánchez mañana, ¿de acuerdo?

   b. Sí, resolvamos el conflicto ahora.

   c. Mira, colaboremos para hacer la tarea. ¿Te parece?

Actividad 5

Las siguientes cuatro tarjetas expresan sentimientos apropiados para varias ocasiones. Vas a escuchar cinco conversaciones breves. Para cada conversación, escoge la tarjeta que mejor corresponde a la conversación. Escribe el número de conversación al lado de la tarjeta apropiada. Solamente vas a escribir *cuatro* números. Vas a oír cada conversación dos veces.

Realidades 3

Capítulo 4

Nombre _____

Fecha _____

Hora _____

WRITING

Actividad 6

Observa las ilustraciones y escribe la letra de la palabra que describe a cada una. Después escribe una frase para describir qué pasa en cada ilustración.

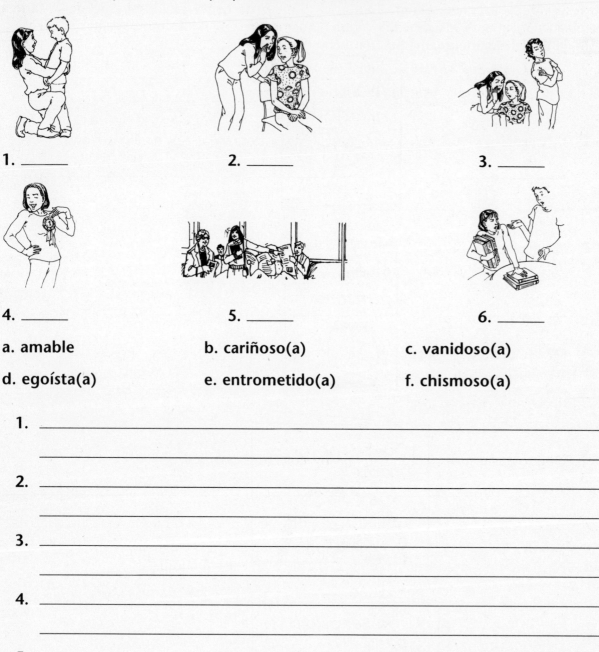

1. _____

2. _____

3. _____

4. _____

5. _____

6. _____

a. amable

b. cariñoso(a)

c. vanidoso(a)

d. egoísta(a)

e. entrometido(a)

f. chismoso(a)

1. _____

_____

2. _____

_____

3. _____

_____

4. _____

_____

5. _____

_____

6. _____

_____

Realidades 3

Capítulo 4

Nombre _____

Hora _____

Fecha _____

WRITING

Actividad 7

Eres un(a) consejero(a) sentimental *(advice columnist)* de una revista. Escribe algunas frases para cada una de las distintas situaciones, expresando tus deseos sobre cada una.

Modelo	Últimamente, me peleo mucho con mi amiga.

Ojalá que se lleven mejor muy pronto.

Espero que Uds. dejen de pelearse tanto.

1. Mi hermana y yo éramos antes muy amigas, pero ya no nos hablamos tanto.

_____

_____

2. Mis padres no me entienden.

_____

_____

3. Mi amiga no guarda mis secretos.

_____

_____

4. Quiero pasar más tiempo con mis amigos, pero es difícil.

_____

_____

5. Necesito un consejo sobre cómo llevarme bien con mi familia.

_____

_____

6. Tengo muchos celos de mi amiga Celia.

_____

_____

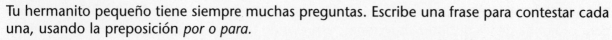

Realidades 3

Capítulo 4

Nombre _____

Fecha _____

Hora _____

WRITING

Actividad 8

Tu hermanito pequeño tiene siempre muchas preguntas. Escribe una frase para contestar cada una, usando la preposición *por o para.*

Modelo   ¿Qué vas a cambiar en la tienda?

Voy a cambiar este libro por un disco compacto.

1. ¿Adónde fuiste después de la escuela?

   _____

   _____

2. ¿Por qué te peleaste con Luis?

   _____

   _____

3. ¿Hablaste con Felipe?

   _____

   _____

4. ¿Qué hiciste ayer?

   _____

   _____

5. ¿Cuánto tiempo estudiaste para el examen?

   _____

   _____

6. ¿Cuándo tienes que terminar la tarea?

   _____

   _____

Realidades 3

Capítulo 4

Nombre

Hora

Fecha

WRITING

Actividad 9

Tienes algunos problemas con uno(a) de tus amigos(as).

A. Primero, haz una lista de cinco cosas que no funcionan de su amistad. Usa las expresiones del recuadro.

me gusta	me preocupa	me alegra
ojalá que	siento que	es bueno que
temo que	tengo miedo de que	

1. _____

2. _____

3. _____

4. _____

5. _____

B. Ahora, usando la lista de la Parte A, escribe una carta a tu amigo(a).

Querido(a) _____ :

_____

_____

_____

_____

_____

_____

_____

_____

_____

Tu amigo(a),

_____

Realidades 3

Capítulo 4

Nombre _____

Fecha _____

Hora _____

WRITING

Actividad 10

Completa las frases y usa la palabra o expresión para llenar el crucigrama de abajo.

Horizontal

1. Fernando se pone muy nervioso; él tiene que aprender a _____ con más tranquilidad cuando hay un problema.
3. Cuando todo el mundo se lleva bien, hay _____.
6. Pepa y Lorenzo no han podido resolver su _____: ella quiere vivir en Argentina y él quiere volver a Chile.
7. Carla guarda un _____ importante y no se lo quiere contar a nadie.
8. Después de una pelea, los buenos amigos tienen que _____.
9. Lo perdoné e hicimos las _____.
10. Es importante saber _____ las opiniones de otras personas.
11. Hubo una _____ entre Jorge y Ramón porque los dos querían ser jefes del equipo.

Vertical

2. No entiendo tu extraño comportamiento; tienes que darme una _____.
4. En un buen trabajo de equipo, todos tienen que _____ para alcanzar la meta.
5. Aunque está nerviosa, Mona tiene que _____ a ir a hablar con la directora de la escuela.
6. Bertín se cree perfecto y le gusta _____ a las demás personas.

Realidades 3

Capítulo 4

Nombre _____

Hora _____

Fecha _____

WRITING

Actividad 11

¿Qué podemos hacer para mejorar las relaciones personales en nuestra sociedad? Lee lo que sugieren las personas de abajo en un salón de chat. Luego, participa escribiendo tus sugerencias de cosas que todos pueden hacer.

> **Modelo** Laura cree que no hay que criticar.
>
> *No critiquemos a todo el mundo.*

1. Pedro piensa que hay que saber perdonar.

_____

2. Sandra opina que es importante ponerse de acuerdo.

_____

3. Emilio cree que es bueno hacer las paces después de una pelea.

_____

4. Alicia dice que no hay que acusar sin razón.

_____

5. Javier opina que es importante saber reaccionar ante los problemas.

_____

6. Vicky cree que hay que evitar pensar en sí mismo(a).

_____

7. Tomás piensa que hay que colaborar y ayudar a los demás.

_____

8. Yo creo que hay que mejorar nuestra sociedad.

_____

Realidades 3

Capítulo 4

Nombre _____

Hora _____

Fecha _____

WRITING

Actividad 12

¿Cómo es tu vida? Describe tu familia, tus amigos y el lugar donde vives. Puedes usar personas y lugares imaginarios. Contesta las preguntas de abajo.

Modelo ¿Dónde está tu casa?

La mía está en la ciudad. _____

1. ¿Dónde viven tus hermanos?

_____

2. ¿Cómo es el coche de tu familia? ¿Y el de tus amigos?

_____

3. ¿Cómo se llama la novia de tu hermano o amigo?

_____

4. ¿Cómo es tu casa?

_____

5. ¿Cómo son tus amigos?

_____

6. ¿Cómo se llevan tus vecinos?

_____

7. ¿Qué quiere tu familia que hagas en el futuro?

_____

8. ¿Es importante para ti tu relación familiar?

_____

Actividad 13

Eres el (la) escritor(a) de una telenovela latinoamericana. Para el episodio de hoy, tienes que escribir un diálogo entre tres personajes. Dos de los personajes son hermanos que se pelean por la misma chica. Ella quiere que hagan las paces. Escribe el guión *(screenplay)*. Puedes usar las palabras y expresiones del recuadro. Sigue las indicaciones del guión.

colaborar	pelearse	hacer las paces
reconciliarse	estar	equivocado(a)
criticar	acusar	ignorar
tener razón	tener la culpa	¡Qué va!
¡Yo no fui!	atreverse	conflicto
pensar en sí mismo	pedir perdón	

Todo por amor
Episodio 107: La pelea

Hermano 1: _____

Chica: _____

Hermano 2: _____

Chica: _____

Hermano 1: _____

Hermano 2: _____

Hermano 1: _____

Hermano 2: _____

Chica: _____

Hermano 1: _____

Chica: _____

Hermano 2: _____

Chica: _____

VIDEO

Antes de ver el video
Actividad 14

Contesta las siguientes preguntas personales. Si quieres, puedes usar tu imaginación.

1. ¿De dónde son tus padres?

_____

_____

2. ¿Cómo es tu familia?

_____

_____

3. ¿Cuántos hermanos tienes?

_____

4. ¿Cómo te llevas con tu familia?

_____

_____

5. ¿Qué actividades te gusta hacer con ellos?

_____

_____

¿Comprendes?
Actividad 15

Lee las siguientes frases y escribe *C* si son ciertas o *F* si son falsas, según el video.

1. Andrés y Lina tienen una buena relación con sus padres. _____

2. La relación entre los hermanos no es muy buena. _____

3. A veces, Andrés y Lina tienen conflictos por la música. _____

4. Andrés piensa que Lina es vanidosa. _____

5. Lina prefiere hablar de sus problemas con su padre. _____

6. Lina y Andrés no se pelean nunca. _____

Realidades 3

Capítulo 4

Nombre _____

Fecha _____

Hora _____

VIDEO

Actividad 16

Escoge la respuesta correcta, según la información del video.

1. ¿Cómo es Lina, según Andrés?

   a. extrovertida y cariñosa

   b. egoísta y fría

2. ¿Cómo ayuda Lina a sus padres?

   a. trabajando para ganar dinero

   b. traduciendo, porque ellos no hablan inglés

3. ¿De dónde viene la familia de Lina?

   a. de Colombia

   b. de Ecuador

4. ¿Cómo describe Andrés su relación con su hermana Lina?

   a. Dice que son buenos hermanos.

   b. Dice que son amigos, más que hermanos.

5. ¿Por qué Andrés habla más con su madre?

   a. porque su mamá está en casa todo el día

   b. porque no se lleva bien con su papá

Y, ¿qué más?

Actividad 17

1. ¿Con cuál de los comentarios del video te identificas más? ¿Por qué?

   _____

   _____

2. Cuando tienes problemas, ¿a quién se los cuentas? ¿Por qué?

   _____

   _____

3. ¿Quién te confía a ti sus secretos?

   _____

   _____

4. ¿Cuál consideras que es la relación más importante de tu vida?

   _____

   _____

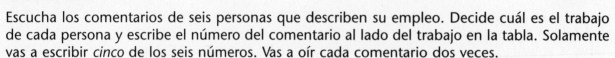

Realidades 3

Capítulo 5

Nombre _____

Fecha _____

Hora _____

AUDIO

Actividad 1

Escucha los comentarios de seis personas que describen su empleo. Decide cuál es el trabajo de cada persona y escribe el número del comentario al lado del trabajo en la tabla. Solamente vas a escribir *cinco* de los seis números. Vas a oír cada comentario dos veces.

Trabajo	Número de comentario
el (la) cliente(a)	
el (la) mensajero(a)	
el (la) recepcionista	
el (la) dueño(a)	
el (la) salvavida	

Actividad 2

Javier acaba de conseguir un trabajo nuevo y está un poco nervioso. Quiere cumplir con todas sus responsabilidades rápida y eficazmente. Escucha mientras Javier contesta las preguntas de su supervisora sobre lo que ha hecho esta mañana. Mientras escuchas, escribe los números del uno al cinco al lado de los dibujos para indicar el orden de las actividades. Vas a oír la conversación dos veces.

Actividad 3

Los miembros del Club de Voluntarios están buscando oportunidades para trabajar en su comunidad. Durante una reunión reciente, ellos escucharon por la radio una lista de cuatro trabajos voluntarios. Escucha la lista y mira el dibujo para observar las habilidades de cada persona. Escoge la persona perfecta para cada trabajo y escribe el número del trabajo al lado de esta persona. Vas a oír cada trabajo de la lista dos veces.

Actividad 4

Raúl y Juana trabajan en el centro de la comunidad. El centro acaba de recibir muchas donaciones de cosas usadas y ellos están organizando todo. Mira las mesas con las cosas donadas y escucha sus comentarios. Pon un círculo en cada cosa que ellos mencionan, prestando atención al uso de los adjetivos y pronombres demostrativos. Vas a oír cada comentario dos veces.

Nombre _____ Hora _____

Fecha _____

Actividad 5

Empiezan las elecciones presidenciales para el centro de estudiantes del Colegio Central. Vas a escuchar a tres candidatos hablar sobre sus experiencias, sus cualidades personales y sus habilidades y conocimientos. Escucha los comentarios de los candidatos y, en la siguiente tabla, marca con una X las cosas que menciona cada uno. Vas a oír los comentarios dos veces.

Candidato(a)	Experiencias	Cualidades personales	Habilidades y conocimientos
Marcos Mérida	_____ repartidor _____ niñero _____ mensajero	_____ dedicado _____ puntual _____ responsable	_____ computación _____ juntar fondos _____ construir casas
Julia Jiménez	_____ recepcionista _____ niñera _____ gerente	_____ justa _____ dedicada _____ comprensiva	_____ solicitar donaciones _____ sembrar nuevas ideas _____ educar a los niños sin hogar
Susana Suárez	_____ salvavida _____ voluntaria _____ consejera	_____ flexible _____ responsable _____ amable	_____ organizar marchas _____ hacer una entrevista _____ encargarse de una campaña electoral

Realidades 3

Capítulo 5

Nombre _____

Fecha _____

Hora _____

WRITING

Actividad 6

A. ¿Tienes las cualidades necesarias para ser un(a) buen(a) empleado(a)? Lee las pistas para completar las palabras.

1. Una persona con quien la gente se lleva bien es

    __ __ __ __ __ __ __ __ __ .
           7   9

2. Alguien que siempre llega a tiempo es __ __ __ __ __ __ __ __ .
               5   4

3. Una persona que se adapta fácilmente es __ __ __ __ __ __ __ __ .

4. Alguien que trabaja mucho y se interesa por su trabajo es

    __ __ __ __ __ __ __ __ .
              10

5. Una persona que trata bien a los demás es __ __ __ __ __ __ __ .
             2 1

6. Alguien que trabaja seriamente y con dedicación es

    __ __ __ __ __ __ __ __ __ __ __ .
     6   3 8

B. Ahora, ordena las letras numeradas para hallar la frase secreta.

Frase secreta

__ __ __ __ __ __ __ __ __ __ __ J __
1 2 3 4 5 4 6 7 8 9   10

C. Finalmente, escribe un párrafo corto, explicando cuáles son las tres cualidades más importantes de un buen empleado y por qué.

_____

_____

_____

_____

_____

_____

_____

WRITING

Actividad 7

Imagina que trabajas en una agencia de empleo. Mira las ilustraciones y escribe dos frases para decir qué han hecho anteriormente *(previously)* cada una de las siguientes personas.

Modelo Mario
Mario ha sido salvavida.
Él cuidaba a la gente en la piscina.

1. Jorge y Ana _____

2. Trini _____

3. tú _____

4. ustedes _____

5. yo _____

6. todos _____

Realidades 3

Capítulo 5

Nombre

Fecha

Hora

WRITING

Actividad 8

El director de la agencia de empleo te pregunta lo que habían hecho cuatro de tus amigos antes de venir a la agencia. Haz una lista de cuatro amigos. Debajo de cada nombre, escribe algunas cosas que les gusta hacer o algún trabajo que hayan tenido. Luego escribe dos o tres frases para describir lo que hacían.

Modelo

Lola.

Fue salvavida.

Lola había trabajado como salvavida durante dos años. Ella se había encargado de cuidar a los niños mientras nadaban en la piscina.

1. Nombre: _____

_____

_____

_____

2. Nombre: _____

_____

_____

_____

3. Nombre: _____

_____

_____

_____

_____

4. Nombre: _____

_____

_____

_____

Nombre _____   Hora _____

Fecha _____   **WRITING**

Actividad 9

Quieres obtener el trabajo de tus sueños. Lo has visto anunciado en el periódico. Ahora tienes que escribir una carta para describir tus cualidades y habilidades. Lee y responde las siguientes preguntas. Luego, usa tus respuestas para escribir la carta.

¿Cómo eres personalmente? _____

_____

¿Qué trabajos has tenido? _____

_____

¿Cuál es el trabajo de tus sueños? _____

_____

¿Qué cualidades necesarias tienes para este trabajo? _____

_____

Estimados señores:

_____

_____

_____

_____

_____

_____

_____

_____

_____

Cordialmente,

_____

WRITING

Actividad 10

A. Ordena las siguientes palabras y frases relacionadas con el trabajo voluntario y la comunidad.

HAROG DE NAOSICNA
□□□□□ □□ □□□□□□□
6

RENCOT DE AICIBLANTEÓHIR
□□□□□□ □□ □□□□□□□□□□□□□□□
13 21

OCTENR ED AL MANDOUDIC
□□□□□□ □□ □□ □□□□□□□□□
24 29 33

LA FÓSNIMNETCIAA
□□ □□□□□□□□□□□□
35

LA GENET NSI HOGRA
□□ □□□□□ □□□ □□□□□
36

LE VERCSIIO LSIACO
□□ □□□□□□□ □□□□□□
38

LE DIOME NATEBEIM
□□ □□□□□ □□□□□□□□
38 42

LE DAUICNAOD
□□ □□□□□□□□
49

RONTEC TEVROCAIRE
□□□□□□□ □□□□□□□□□
56 63

NRJTAU SDFONO
□□□□□□ □□□□□□
61

B. Ahora, completa la frase de abajo con las letras numeradas.

□□ □□□□□□□□□□ □□□□□□ Z □□ □□ □□□□□□□□□
38 9   29 42 13 6 42 63 6 56 33 6   49 56 36 6 42 33   6 56   61 42   13 49 38 29 24 49 56

□□ □□□□□□□□□□□□□
24 29   21 29 42 29 35 33 13 29 42 13 33 6

Realidades 3

Capítulo 5

Nombre _____

Hora _____

Fecha _____

WRITING

Actividad 11

El director del centro de voluntarios siempre tiene palabras de apoyo *(support)* para la gente que trabaja en la comunidad. Observa las ilustraciones y escribe qué les comenta a las siguientes personas.

Modelo *Es bueno que Sara haya trabajado de niñera.*

1. _____

2. _____

3. _____

4. _____

5. _____

6. _____

Realidades 3

Capítulo 5

Nombre

Hora

Fecha

WRITING

Actividad 12

Tu amigo(a) y tú preparan una fiesta benéfica *(charity event)* para juntar fondos para el hogar de ancianos de su vecindario. Tienen que ir a una de tres tiendas a comprar las cosas que necesitan para la fiesta, pero tu amigo(a) y tú no siempre están de acuerdo. Continúa el diálogo en el que hablan de las cosas que quieren comprar y dónde es mejor comprarlas.

—Compremos queso francés.

—Bueno. Ésta es la mejor tienda del barrio. ¿Vamos?

—No sé, ésa también tiene queso, y es más barata.

—_____

—_____

—_____

—_____

—_____

—_____

—_____

—_____

Realidades 3

Capítulo 5

Nombre _____

Fecha _____

Hora _____

WRITING

Actividad 13

A. Imagina que trabajas en el periódico de tu comunidad. Haz una lista con las cosas que no son buenas en tu comunidad. Luego haz una lista con ideas sobre cómo mejorarlas.

Cosas que no son buenas	**Cómo mejorarlas**
_____	_____
_____	_____
_____	_____
_____	_____
_____	_____

B. Ahora, usa las listas para escribir un artículo sobre cómo mejorar la comunidad.

Nuestra comunidad

_____

_____

_____

_____

_____

_____

_____

_____

_____

_____

_____

_____

_____

_____

VIDEO

Antes de ver el video

Actividad 14

Menciona cinco actividades que puedes hacer como voluntario en tu comunidad.

1. _____

2. _____

3. _____

4. _____

5. _____

¿Comprendes?

Actividad 15

Rubén Mejía, el joven dominicano que conociste en el video, trabaja durante el verano para mejorar su comunidad. Identifica tres lugares donde participa como voluntario y menciona qué hace él para contribuir en cada lugar.

1. _____

_____

_____

2. _____

_____

_____

3. _____

_____

_____

Realidades 3

Capítulo 5

Nombre _____

Hora _____

Fecha _____

VIDEO

Actividad 16

Contesta las siguientes preguntas, según la información del video.

1. ¿En qué país queda la comunidad de Villa Victoria?

_____

2. ¿Cuál es el propósito de Villa Tech?

_____

3. ¿Por qué le encanta a Rubén leer cuentos a los niños de Escuelita Borikén?

_____

4. ¿Qué quiere estudiar Rubén en la universidad?

_____

5. ¿Cómo piensas tú que la dedicación de Rubén al servicio social lo está preparando para su futuro?

_____

Y, ¿qué más?

Actividad 17

1. ¿Alguna vez trabajaste como voluntario?

_____

2. ¿Qué actividad como voluntario te gustaría hacer en tu comunidad?

_____

3. Menciona alguna de las cosas que haces para ayudar en tu comunidad.

_____

_____

4. Escribe un breve párrafo diciendo las cosas que necesitan mejorarse en tu comunidad.

_____

_____

Nombre _____

Hora _____

Fecha _____

AUDIO

Actividad 1

Hoy es el Día de las profesiones en el Colegio Principal. Cinco personas vienen a la escuela para hablar de lo que hacen. Mientras escuchas sus comentarios, escribe el número de la persona que habla al lado del dibujo de la profesión que él o ella describe. Vas a oír cada comentario dos veces.

_____

_____

_____

_____

_____

Nombre _____

Hora _____

Fecha _____

Actividad 2

¿Qué estarán haciendo estos jóvenes? Vas a oír a cinco personas hacer varios comentarios. Mira los dibujos. Luego, mientras escuchas a cada joven, escribe el número del comentario al lado del dibujo correspondiente. Vas a oír cada comentario dos veces.

_____

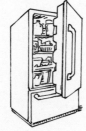

_____

_____

_____

_____

Nombre _____

Hora _____

Fecha _____

AUDIO

Actividad 3

Estás visitando una exposición sobre el futuro. Primero, mira el dibujo de la exposición. Luego, vas a escuchar parte de cuatro presentaciones sobre diferentes áreas de la exposición. Mientras escuchas, escribe el número de la presentación en el área del dibujo que mejor corresponde. Vas a oír las presentaciones dos veces.

Actividad 4

Vas a oír a seis personas que hacen predicciones sobre el futuro. Mira los dibujos. Luego, mientras escuchas los comentarios, escribe el número de cada predicción al lado del dibujo correspondiente. Vas a oír cada predicción dos veces.

Actividad 5

Hoy es el día de la Feria de ciencias en el Colegio Central. Cuatro estudiantes exhiben inventos futurísticos *(futuristic)* en la feria. Mira los dibujos de varios inventos mientras escuchas las descripciones de los estudiantes. Luego, escribe el número de la descripción al lado del dibujo correspondiente. Vas a oír cada descripción dos veces.

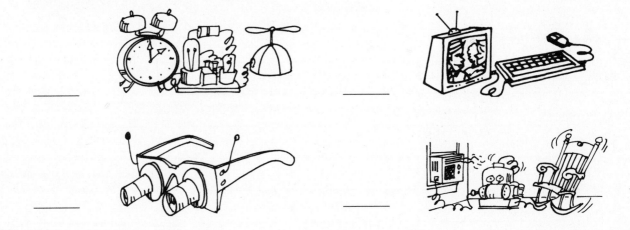

Realidades ③

Capítulo 6

Nombre _____

Fecha _____

Hora _____

WRITING

Actividad 6

¿Qué vas a hacer en el futuro? Mira la ilustración, identifica cuatro de las profesiones que ves y escribe dos o tres frases para cada una que explican por qué la escogerías o no.

1. _____

   _____

   _____

2. _____

   _____

   _____

3. _____

   _____

   _____

4. _____

   _____

   _____

Actividad 7

¿Qué harán después de graduarse? Estos jóvenes visitan a una clarividente *(fortune-teller)* para que les hable del futuro. Usa los verbos del recuadro para escribir lo que le dirá la clarividente a cada persona, según el dibujo. La primera frase ya está hecha.

viajar	estudiar	diseñar	ahorrar	mudarse
tomar decisiones		dedicarse a	trabajar	lograr

1. Laura

Laura, tu estudiarás para ser arquitecta. _____

_____

_____

2. Marisol

_____

_____

_____

3. Alejandro

_____

_____

_____

_____

Realidades ③

Capítulo 6

Nombre _____

Hora _____

Fecha _____

WRITING

Actividad 8

Mira las ilustraciones. ¿Cómo será cada persona? ¿Qué hará? Escribe tres frases sobre cada una describiendo lo que tú crees que hará.

Modelo

Beto Perdomo

Beto Perdomo será trabajador. Le gustarán los libros de ciencias. Trabajará en un laboratorio.

1.   **Antonio Blanco**

_____

_____

_____

2.   **Lorena Nieto**

_____

_____

_____

3.   **Pablo Correa**

_____

_____

_____

4.   **Miguel Álvarez**

_____

_____

_____

Actividad 9

¿Cuáles son tus planes profesionales?

A. Primero, contesta las siguientes preguntas.

¿Qué harás después de graduarte?

_____

_____

¿A qué profesión quieres dedicarte?

_____

_____

¿Dónde trabajarás?

_____

_____

¿Cómo será tu trabajo?

_____

_____

B. Ahora, usa las respuestas e información adicional para escribir una entrada en tu diario que describa qué harás en el futuro.

Querido diario:

_____

_____

_____

_____

_____

_____

Nombre _____ Hora _____

Fecha _____

WRITING

Actividad 10

Completa las frases y usa las palabras que faltan para llenar el siguiente crucigrama.

Horizontal

1. No podemos _____ lo que pasará mañana.

3. Los científicos estudian el _____ de fuentes de energía que no contaminen el medio ambiente.

5. En el futuro, los jóvenes jugarán a videojuegos de realidad _____.

7. Es bueno tener pasatiempos para los tiempos de _____.

8. El sol es una fuente de _____ muy importante.

9. La _____ de la gente se preocupa por el medio ambiente.

10. Uno de los problemas de hoy es la falta de _____ para la gente sin hogar.

11. Cada día se inventan nuevos _____ electrónicos.

Vertical

2. ¿Qué otros avances se van a _____ en el futuro?

4. Vimos el partido por televisión vía _____.

6. Me gustan mucho las computadoras y quiero estudiar la _____.

9. El _____ desarrolla estrategias para vender productos.

Realidades 3

Capítulo 6

Nombre _____

Hora _____

Fecha _____

WRITING

Actividad 11

Piensa en lo que tú y otras tres personas harán en el futuro. Puedes escoger amigos o miembros de tu familia. Escribe una lista de lo que les gusta hacer ahora. Luego escribe tres o cuatro frases sobre lo que habrán hecho en veinte años.

Modelo   Persona: *Mi primo Luis*
Le gustan las matemáticas. Le encantan los puentes. Dentro
de veinte años, mi primo Luis ya se habrá graduado de la
universidad como ingeniero. Habrá construido el puente más
largo del mundo y habrá recibido muchos premios por eso.

1. Persona: _____

_____

_____

_____

_____

2. Persona: _____

_____

_____

_____

_____

3. Persona: _____

_____

_____

_____

_____

4. Persona: _____

_____

_____

_____

_____

Realidades 3

Capítulo 6

Nombre _____

Fecha _____

Hora _____

WRITING

Actividad 12

Tu amigo y tú están hablando sobre el futuro y los avances tecnológicos. Usa las ilustraciones para escribir diálogos, usando los pronombres de objeto directo e indirecto.

— ¿Me prestarás tu computadora mañana?

— *Sí, te la prestaré. Después me la tendrás que devolver,*

Modelo

o no te la volveré a prestar.

—¿Le grabarás el programa de televisión por satélite al profesor?

1. _____

_____

—¿Le comprará Eva el libro de genética a su hermano?

2. _____

_____

—¿Le dará una medicina el doctor al enfermo?

3. _____

_____

—¿Nos leerá el futuro la clarividente?

4. _____

_____

—¿Te comprarás un juego de realidad virtual?

5. _____

_____

Actividad 13

Eres escritor(a) para una revista de tecnología. Hoy tienes que escribir un artículo sobre tus predicciones para el año 2030.

A. Primero, contesta las siguientes preguntas.

1. ¿Qué usará la gente para comunicarse?

_____

2. ¿Qué fuentes de energía habrá?

_____

3. ¿Qué aparatos se descubrirán?

_____

4. ¿Qué avances habrá?

_____

5. ¿De qué servicios habrá más demanda?

_____

B. Ahora, usa tus respuestas para escribir tu artículo.

VIDEO

Antes de ver el video

Actividad 14

Evalúa las siguientes opciones para después de tu graduación, diciendo si te interesaría **mucho**, **bastante**, **poco** o **nada**.

1. Buscar trabajo _____

2. Estudiar una carrera tradicional _____

3. Estudiar una carrera relacionada con las nuevas tecnologías _____

4. Comenzar una familia _____

5. Descansar un año, y después ir a la universidad _____

¿Comprendes?

Actividad 15

Según lo que viste en el video, describe los dos elementos que Alberto Cortez combina en su trabajo.

Elemento 1

_____

_____

Elemento 2

_____

_____

Realidades 3

Capítulo 6

Nombre _____

Hora _____

Fecha _____

VIDEO

Actividad 16

Según la información del video, elige la opción correcta para completar cada frase.

1. Al graduarse, los estudiantes pueden seguir estudiando o

a. empezar una carrera.   **b.** viajar.

2. La tecnología ha creado nuevos

a. estudios.   **b.** trabajos y medios de comunicación.

3. Alberto Cortez es

a. un estudiante.   **b.** profesor de fotografía.

4. Cortez creó una galería virtual para

a. vender sus fotos.   **b.** mostrar el trabajo de sus alumnos.

5. Los estudiantes de Cortez son

a. talentosos y creativos.   **b.** muy tradicionales.

Y, ¿qué más?

Actividad 17

1. ¿Te gusta la fotografía? ¿Y las computadoras? ¿Por qué?

_____

_____

2. ¿Qué carrera te gustaría estudiar en el futuro? ¿Por qué?

_____

_____

3. ¿Qué profesiones crees que va a haber en el futuro?

_____

_____

4. Describe cuál sería tu trabajo ideal.

_____

_____

_____

Realidades 3

Capítulo 7

Nombre _____

Hora _____

Fecha _____

AUDIO

Actividad 1

Trabajas con un grupo de arqueólogos que están explorando unas ruinas indígenas. Tú debes tomar apuntes sobre los diferentes artefactos que se descubren durante las exploraciones. Vas a oír descripciones de tres objetos antiguos. Mientras escuchas, completa las tarjetas de identificación para cada objeto, añadiendo los detalles necesarios. Vas a oír cada descripción dos veces.

OBJETO 1

Forma (shape):	
Alto:	cm
Ancho:	cm
Largo:	cm

OBJETO 2

Forma:	
Alto:	cm
Ancho:	cm
Largo:	cm

OBJETO 3

Forma:	
Alto:	cm
Ancho:	cm
Largo:	cm

Actividad 2

Ana y Ramona hablan sobre unos fenómenos inexplicables. Escucha sus comentarios e indica con una X en la tabla si cada persona cree en el fenómeno descrito o si duda de él. Vas a oír los comentarios dos veces.

Fenómeno	Ana	Ramona
1. Las naves espaciales y los OVNIs (*UFOs*)	_____ cree _____ duda	_____ cree _____ duda
2. El yeti (*"Bigfoot"*)	_____ cree _____ duda	_____ cree _____ duda
3. Los fantasmas y espíritus	_____ cree _____ duda	_____ cree _____ duda
4. Los clarividentes (*psychics*)	_____ cree _____ duda	_____ cree _____ duda

Realidades 3

Capítulo 7

Nombre _____

Fecha _____

Hora _____

AUDIO

Actividad 3

Vas a oír cinco comentarios sobre mitos y leyendas. Mientras escuchas, mira los dibujos. Escribe el número del comentario al lado del dibujo correspondiente. Solamente vas a escribir *cinco* números. Vas a oír cada comentario dos veces.

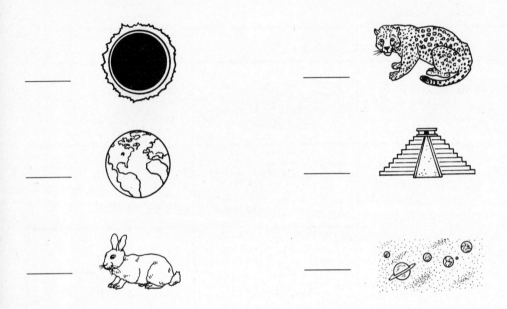

Actividad 4

Un grupo de amigos del Colegio Principal quiere organizar un Club de arqueología. En la primera reunión, hablan de las cosas que necesitan. Escucha los comentarios de cada estudiante. Presta atención al uso del indicativo o del subjuntivo. Luego, indica en la tabla si la persona que habla conoce la cosa, o si no la conoce y la tiene que buscar. Vas a oír los comentarios de cada estudiante dos veces.

1.	_____ Lo conoce	_____ No lo conoce
2.	_____ Lo conoce	_____ No lo conoce
3.	_____ Lo conoce	_____ No lo conoce
4.	_____ Lo conoce	_____ No lo conoce
5.	_____ Lo conoce	_____ No lo conoce
6.	_____ Lo conoce	_____ No lo conoce

Actividad 5

Estás participando en una excavación de unas ruinas muy importantes. Tu trabajo es organizar todos los artefactos para poder encontrarlos fácilmente en cualquier momento. Escucha los comentarios de varios científicos que buscan artefactos específicos. Basándote en sus descripciones, encierra en un círculo el dibujo del artefacto correcto en cada grupo. Vas a oír cada descripción dos veces.

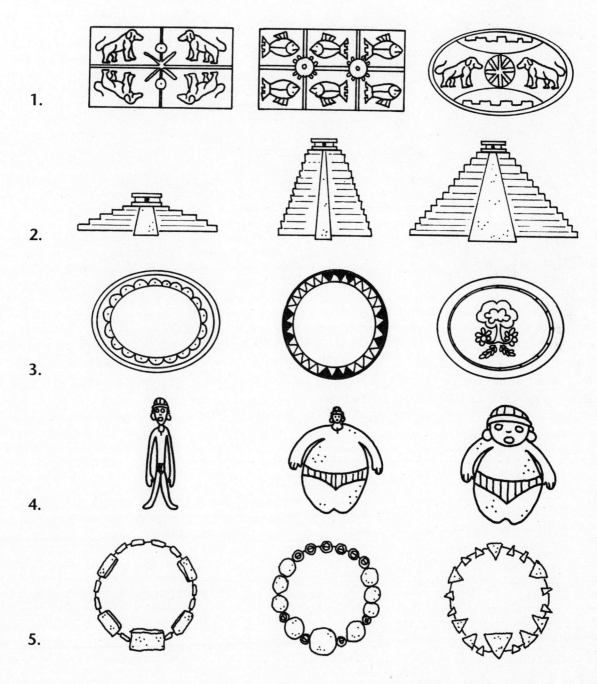

1.

2.

3.

4.

5.

Realidades 3

Capítulo 7

Nombre _____

Fecha _____

Hora _____

WRITING

Actividad 6

Eres un(a) arqueólogo(a) famoso(a) y tienes que hacer una presentación en la universidad. Mira la ilustración y escribe seis frases para describirles a los estudiantes cómo fue tu trabajo en esta exploración. La primera frase ya está hecha.

1. *Nuestro equipo de arqueólogos excavó muchas ruinas.* _____

2. _____

3. _____

4. _____

5. _____

6. _____

7. _____

Realidades 3

Capítulo 7

Nombre _____

Hora _____

Fecha _____

WRITING

Actividad 7

¡Tu amigo cree todo lo que lee en Internet! En cambio, tú no crees nada de lo que él te dice. Completa el siguiente diálogo, contestando sus comentarios con lo que tú piensas sobre el tema. Usa las expresiones de la caja.

Modelo — ¡Han encontrado una nave espacial en el pueblo!

— *Dudo que hayan encontrado una nave espacial en el pueblo.*

Dudo que	No creo que	Es imposible que
Es posible que	Es dudoso que	

1. — ¡Un grupo de arqueólogos en Egipto encontró una pirámide en el mar!

   — _____

2. — ¡Construyeron un observatorio de 10 kilómetros de diámetro!

   — _____

3. — Probablemente, los extraterrestres saben lo que hacemos en la Tierra.

   — _____

4. — Hay una misteriosa estructura en la plaza del pueblo.

   — _____

5. — Esta noche sucederá un fenómeno inexplicable.

   — _____

6. —¡Descubrieron que hay vida en la Luna!

   — _____

7. —Ayer llegó una nave espacial a mi casa.

   — _____

WRITING

Actividad 8

Eres el (la) editor(a) de una revista científica y estás contestando las preguntas de tus lectores. Lee sus preguntas y escribe un párrafo que contesta cada una con tu opinión. Puedes usar palabras y expresiones de los recuadros.

Es improbable	Estoy seguro(a)
No creo	Es evidente
Es posible	Creo

ruinas	pirámide	diseño
diámetro	óvalo	civilización
observatorio	leyenda	pueblo

1. ¿Cómo cree que desaparecieron las civilizaciones antiguas?

   _____

   _____

   _____

2. ¿Cree que los extraterrestres ayudaron a crear las civilizaciones antiguas?

   _____

   _____

   _____

3. ¿Cómo era el arte de la cultura maya?

   _____

   _____

   _____

4. ¿Qué piensa de las ruinas que se han excavado recientemente?

   _____

   _____

   _____

5. ¿Qué cree que pasó en Machu Picchu?

   _____

   _____

   _____

Realidades 3

Capítulo 7

Nombre _____

Fecha _____

Hora _____

WRITING

Actividad 9

Eres un(a) arqueólogo(a) que acaba de regresar de unas excavaciones en África. Escribe un artículo científico explicando la evidencia de las ruinas que encontraste. Describe las estructuras y ruinas con detalle y da tu opinión sobre los descubrimientos. ¡No te olvides de escribir los pies de foto (*captions*) de las ilustraciones!

INFORME ARQUEOLÓGICO

Realidades 3

Capítulo 7

Nombre _____

Hora _____

Fecha _____

WRITING

Actividad 10

Imagínate que eres un(a) antiguo(a) azteca o maya. Tienes que contar un cuento para explicar algún fenómeno natural. Escoge uno de los siguientes fenómenos y responde las preguntas. Luego escribe un cuento corto para explicarlo.

los eclipses de sol	los terremotos	las estrellas

1. ¿Cuáles son los nombres de los dioses que participaron en este fenómeno?

_____

_____

2. ¿Qué hicieron estos dioses para que ocurriera el fenómeno? (Se pelearon, estaban jugando un juego, celebraban una fiesta, etc.)

_____

_____

3. ¿Qué pasó al final?

_____

_____

Cuento

_____

_____

_____

_____

_____

_____

_____

_____

Nombre _____ Hora _____

Fecha _____

WRITING

Actividad 11

Tu compañero no entiende muy bien algunas de las leyendas que estudiaron en clase. Responde sus preguntas usando una expresión negativa y *sino*.

Modelo ¿Los aztecas tenían un calendario sagrado?

No sólo tenían un calendario sagrado, sino también tenían un calendario solar.

1. ¿Los aztecas veían sombras en la Luna?

_____

_____

2. ¿Los mayas no conocían los números?

_____

_____

3. ¿Los mayas escribían el número cinco con el dibujo de un pie?

_____

_____

4. ¿Los aztecas estudiaron el sol?

_____

_____

5. ¿Los mayas sabían por qué había eclipses?

_____

_____

6. ¿Las pirámides son parte de la cultura azteca?

_____

_____

7. ¿Alguien habla la lengua de los mayas hoy en día?

_____

_____

8. ¿La civilización maya existía en Centroamérica?

_____

_____

Actividad 12

Estás preparando un festival de mitos y leyendas para tu escuela, pero ¡todavía quedan muchas cosas por hacer! Tus amigos van a ayudarte, pero no saben cómo. Contesta sus preguntas.

Modelo

— ¿Qué libros necesitas para buscar información?

— *Necesito un libro que hable sobre los aztecas.*

—¿Qué leyendas quieres leer?

1. _____

—¿Qué experto necesitas para la conferencia?

2. _____

—¿Qué clase de video quieres dar en el festival?

3. _____

—¿Qué información necesitas buscar en la biblioteca?

4. _____

—¿Qué mitos quieres investigar en Internet?

5. _____

Actividad 13

Ya tienes mucha de la información para el festival de mitos y leyendas. Ahora necesitas buscar a gente que te ayude el día del festival. Prepara un cartel que explique qué personas necesitas y qué cualidades deben tener y no tener.

Modelo *Busco a alguien que tenga conocimientos de la cultura azteca. No necesito un experto, sino alguien a quien le gusten las civilizaciones antiguas.*

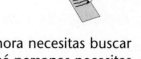

Se busca . . .

_____

_____

_____

_____

_____

_____

_____

_____

_____

_____

_____

_____

_____

Antes de ver el video
Actividad 14

Di tres misterios del mundo que te parezcan interesantes.

1. Misterio 1: _____

_____

Me parece interesante porque…_____

_____

2. Misterio 2:_____

_____

Me parece interesante porque…_____

_____

3. Misterio 3: _____

_____

Me parece interesante porque…_____

_____

¿Comprendes?
Actividad 15

Escribe dos frases sobre lo que has aprendido en el video sobre los siguientes lugares:

Machu Picchu:

1. _____

2. _____

Chichén Itzá:

1. _____

2. _____

Teotihuacán:

1. _____

2. _____

Realidades 3

Capítulo 7

Nombre _____

Hora _____

Fecha _____

VIDEO

Actividad 16

Lee las siguientes frases y escribe *C* si son ciertas o *F* si son falsas.

1. Machu Picchu está en las montañas de los Andes. _____

2. No se sabe cuál era la función de Machu Picchu. _____

3. Chichén Itzá es una ciudad importante de la civilización azteca. _____

4. Chichén Itzá era un centro religioso y un observatorio lunar. _____

5. En Teotihuacán están las pirámides del sol y de la luna. _____

6. La leyenda cuenta que Teotihuacán fue construida por animales del mar. _____

Y, ¿qué más?

Actividad 17

Responde las siguientes preguntas.

1. ¿A cuál de los lugares del video te gustaría ir? ¿Por qué?

_____

_____

2. ¿Qué lugares hay en tu ciudad hoy en día para ceremonias religiosas?

_____

_____

3. Cuando eras pequeño, ¿qué te parecía misterioso?

_____

_____

4. Escribe una explicación inventada para uno de los misterios del video.

_____

_____

_____

AUDIO

Actividad 1

Estás preparando un informe sobre las influencias arquitectónicas e históricas en España. Ya tienes todo escrito, pero necesitas poner estos dibujos dentro del informe. Tu amiga te lee la primera frase de cada párrafo del informe. Mientras escuchas, pon el número de la frase debajo del dibujo correspondiente. Vas a oír cada frase dos veces.

Realidades ③

Capítulo 8

Nombre _____

Fecha _____

Hora _____

AUDIO

Actividad 2

Tres amigos hablan de las casas de sus sueños. Mientras escuchas lo que dice cada persona, marca con una X las cuatro cosas que él o ella quiere tener en su casa. Vas a oír cada comentario dos veces.

Persona	**Cosas que quiere...**
Luz	_____ balcones _____ arquitectura árabe _____ arcos _____ rejas _____ un patio grande _____ torres altas
Eduardo	_____ una piscina _____ arquitectura moderna _____ arcos _____ azulejos _____ torres altas _____ un garaje grande
Graciela	_____ balcones _____ arquitectura árabe _____ arcos _____ azulejos árabes _____ un jardín grande _____ un pequeño lago

Realidades **3**

Capítulo 8

Nombre

Fecha

Hora

AUDIO

Actividad 3

En tu escuela, van a tener cuatro conferencias sobre las fusiones de diferentes culturas. Primero mira el anuncio para cada conferencia. Luego oirás parte de cada conferencia. Decide a qué anuncio se refiere y escribe el número de la conferencia al lado del anuncio correspondiente. Vas a oír cada parte dos veces.

Encuento entre
Europa y América
del Sur

13 de marzo, 8 h

México y sus
culturas indígenas

19 de marzo, 7:30 h

Culturas
afro-hispanas
de Centroamérica

17 de marzo, 7.30h

INMIGRACIÓN ASIÁTICA
EN LATINOAMÉRICA

21 DE MARZO, 8:30 H

Actividad 4

Cinco jóvenes hablan acerca de lo que quisieran hacer. Mira los dibujos. Luego, mientras escuchas lo que dicen, escribe el número de cada comentario al lado del dibujo correspondiente. Vas a oír cada comentario dos veces.

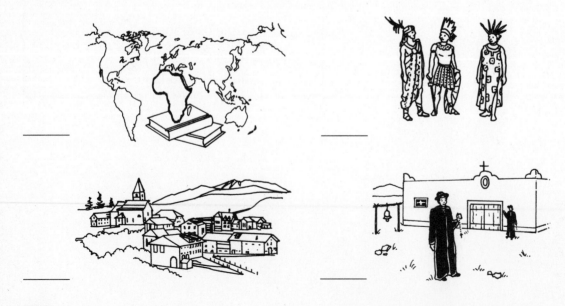

Nombre _____   Hora _____

Fecha _____

AUDIO

Actividad 5

Tu amigo Fernando acaba de regresar de un pueblo antiguo que tiene una mezcla increíble de estilos de arquitectura. Fernando te habla de cuatro edificios que ustedes podrían visitar si fueras con él al pueblo. Mientras escuchas, mira cada pareja de dibujos y pon una X debajo del dibujo que mejor corresponde a la descripción de Fernando. Vas a oír cada descripción dos veces.

1. _____   _____

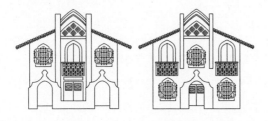

2. _____   _____

3. _____   _____

4. _____   _____

Actividad 6

Has estado de viaje por España y ahora tienes que organizar las fotos que sacaste. Mira las fotos y escribe un pie de foto *(caption)* para cada una. Explica qué es cada cosa y cuenta algo que hiciste o que te sucedió en ese lugar.

1. _____
   _____

2. _____
   _____

3. _____
   _____

4. _____
   _____

5. _____
   _____

6. _____
   _____

Nombre _____   Hora _____

Fecha _____   **WRITING**

Actividad 7

Tu amigo(a) se ha ido de viaje a México y te llama explicándote algunos problemas que tiene. Mientras te cuenta cada uno, dile qué harías tú en su situación. Usa el condicional para escribir como mínimo dos frases para cada problema que te cuente tu amigo(a).

Modelo   No encuentro ningún restaurante.

Yo preguntaría a alguien en el hotel. También hablaría con un habitante del lugar. Y miraría una guía de la ciudad. ¡Siempre tienen buenas ideas!

1. No sé qué visitar mañana.

_____

_____

2. ¡Quiero recordar los mejores momentos!

_____

_____

3. ¡Estoy cansado(a) de caminar tanto!

_____

_____

4. ¿Dónde puedo ir a dormir en la Ciudad de México?

_____

_____

5. Estoy aburrido(a) porque no conozco a nadie.

_____

_____

6. No sé qué ciudad visitar después de la Ciudad de México.

_____

_____

Realidades ❸

Capítulo 8

Nombre _____

Fecha _____

Hora _____

WRITING

Actividad 8

Ahora eres tú quien está de viaje. Has visitado diferentes ciudades y les mandas tarjetas postales a tres amigos(as) y a tu profesor(a). Diles qué harían Uds. si cada uno(a) de ellos(as) estuviera contigo en esa ciudad y explícales algo de la cultura local.

Buenos Aires _____

San Juan _____

Granada _____

Barcelona _____

Realidades **3**

Capítulo 8

Nombre _____

Fecha _____

Hora _____

WRITING

Actividad 9

A. Imagina cómo sería vivir en España durante los períodos en que llegaron otras culturas a ese país. Haz una lista de cinco cosas que harías en cada época.

| Modelo | *Yo aprendería el idioma de los árabes. Mi familia y yo ayudaríamos a construir una mezquita.* |

1. _____

2. _____

3. _____

4. _____

5. _____

B. Ahora, escribe frases sobre cómo te imaginas que sería la vida en cada período. Usa el condicional en las frases.

1. _____

_____

2. _____

_____

3. _____

_____

4. _____

_____

5. _____

_____

Realidades 3

Capítulo 8

Nombre

Hora

Fecha

WRITING

Actividad 10

¿Qué sabes de la historia de América Latina? Mira la ilustración y escribe ocho frases que describen lo que ves.

1. _____

_____

2. _____

_____

3. _____

_____

4. _____

_____

5. _____

_____

6. _____

_____

7. _____

_____

8. _____

_____

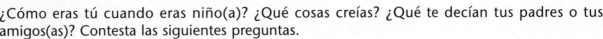

Realidades 3

Capítulo 8

Nombre _____

Hora _____

Fecha _____

WRITING

Actividad 11

¿Cómo eras tú cuando eras niño(a)? ¿Qué cosas creías? ¿Qué te decían tus padres o tus amigos(as)? Contesta las siguientes preguntas.

Modelo   ¿Qué te dijo tu hermano sobre los deportes?

Mi hermano me dijo que jugara al fútbol. Pero yo dudaba que pudiera
jugar como él.

1. ¿Qué te sugerían tus padres cuando veías la televisión?

    _____

    _____

2. ¿Qué te dijeron tus padres sobre tus notas en la escuela?

    _____

    _____

3. ¿Qué te dijo la profesora sobre tu comportamiento en la biblioteca?

    _____

    _____

4. ¿Qué te decían tus padres cuando ibas al parque?

    _____

    _____

5. ¿Qué decían tus padres sobre la música que escuchabas?

    _____

    _____

6. ¿Qué te sugirieron tus padres que hicieras para poder estudiar en la universidad?

    _____

    _____

Realidades 3

Capítulo 8

Nombre _____

Hora _____

Fecha _____

WRITING

Actividad 12

¿Qué harías en estas situaciones? Escoge cinco situaciones del recuadro y, para cada una, escribe tres o cuatro frases sobre lo que harías.

Modelo *Si yo viviera en el año 2045, tendría una casa en las nubes. Si pudiera, viajaría a todos lados en un auto que volara.*

vivir en el año 2045	tener mi propio negocio
establecerme en otra cultura	tener un barco de mercancías
hablar muchos idiomas	encontrarme con un(a) antepasado(a)
ir a un viaje cultural	visitar una misión

1. _____

_____

_____

2. _____

_____

_____

3. _____

_____

_____

4. _____

_____

_____

5. _____

_____

_____

Realidades 3

Capítulo 8

Nombre _____

Hora _____

Fecha _____

WRITING

Actividad 13

Imagina que eres un(a) europeo(a) que viaja a América en la época colonial.

A. Primero, contesta las siguientes preguntas.

1. ¿A qué ciudad irías?

_____

2. ¿A quién te encontrarías allí?

_____

3. ¿Qué te sorprendería?

_____

4. ¿Qué te gustaría más de tu visita?

_____

B. Ahora, escribe un breve relato explicando lo que harías, verías y pensarías del lugar que visitas.

Realidades 3

Capítulo 8

Nombre _____

Hora _____

Fecha _____

VIDEO

Antes de ver el video

Actividad 14

Completa la tabla de abajo, con las influencias de otras culturas en los Estados Unidos. Puedes consultar con un(a) compañero(a).

Palabras de otros idiomas	Comidas de otras culturas	Costumbres de otras culturas

¿Comprendes?

Actividad 15

Lee las siguientes frases y escribe *C* si son ciertas o *F* si son falsas, según el video.

1. Los europeos, los indígenas y los africanos no mezclaron sus culturas en América.

   _____

2. Los grupos de antepasados dejaron huellas en la arquitectura, la lengua y la

   comida de América. _____

3. En los países latinoamericanos donde se habla el español, se usan siempre los

   mismos nombres para las cosas. _____

4. La arquitectura colonial es herencia de los españoles. _____

5. El frijol es un alimento muy importante en la comida caribeña. _____

6. El chocolate y el maíz llegaron a Europa de América. _____

Realidades 3

Capítulo 8

Nombre _____

Hora _____

Fecha _____

VIDEO

Actividad 16

Contesta las preguntas, según la información del video.

1. ¿En qué países hispanohablantes se comen muchos frijoles?

   _____

2. ¿Cuál es un plato típico que se prepara con maíz?

   _____

3. Da un ejemplo de una palabra que viene de una lengua indígena.

   _____

4. ¿De dónde viene la tradición de los "cowboys"?

   _____

5. ¿Dónde dejaron sus huellas los españoles?

   _____

Y, ¿qué más?

Actividad 17

1. ¿De dónde viene tu familia?

   _____

   _____

2. ¿Qué tradiciones culturales sigue tu familia?

   _____

   _____

3. De las comidas en el video, ¿cuáles probaste alguna vez? ¿Cuáles te gustaría probar?

   _____

   _____

4. ¿Qué te ha parecido más interesante sobre el video? ¿Por qué?

   _____

Realidades ③

Capítulo 9

Nombre _____

Hora _____

Fecha _____

AUDIO

Actividad 1

Vas a oír a cinco estudiantes describir cuál, en su opinión, es el peor problema con relación al medio ambiente. Mientras escuchas, mira los dibujos y escoge el que mejor represente una solución para cada problema. Escribe el número del o de la estudiante que describe el problema al lado del dibujo apropiado. No todos los dibujos se usan. Vas a oír cada descripción dos veces.

_____

_____

_____

_____

_____

_____

Nombre _____

Hora _____

Fecha _____

AUDIO

Actividad 2

Vas a oír dos discursos breves de los dos candidatos para presidente del Club del Medio Ambiente de la escuela. Mientras escuchas los discursos, decide si las frases de la tabla son ciertas o falsas, según lo que opina cada estudiante. Marca con una *C* las frases que son ciertas y con una *F* las frases que son falsas. Vas a oír cada discurso dos veces.

Candidato(a)	¿Cierto o Falso?
1. Susana Montoya	_____ Si las fábricas echan pesticidas, habrá contaminación. _____ Es demasiado tarde para encontrar una solución. _____ Las fábricas dejarán de contaminar si el gobierno les pone una multa. _____ Antes de ser presidente, Susana organizará una manifestación.
2. Óscar Lezama	_____ Si hay otras fuentes de energía, no dependeremos del petróleo. _____ Si no usamos petróleo, habrá más contaminación. _____ Si se usan coches eléctricos, no se usará petróleo. _____ Cuando sea presidente, Oscar promoverá los coches eléctricos.

AUDIO

Actividad 3

Vas a escuchar cuatro descripciones de animales que están en peligro de extinción. Mientras escuchas, escribe el número de la descripción al lado del dibujo que mejor corresponde. Vas a oír cada descripción dos veces.

Actividad 4

Vas a oír a cuatro estudiantes describir sus emociones y sentimientos sobre el medio ambiente, los animales en peligro de extinción y la preservación de los recursos. Mientras escuchas, selecciona el problema de la lista que describe cada estudiante y escribe su número al lado del nombre de la persona que habla. No se usan todos los problemas. Vas a oír cada comentario dos veces.

Problemas posibles:

1. los derrames de petróleo

2. el efecto invernadero

3. la explotación de la selva tropical

4. la escasez de agua

5. el derretimiento del hielo de los polos

6. la extinción de especies de animales

7. la contaminación del aire

Estudiante	Problema
María	
Alejandro	
Ernesto	
Juliana	

Nombre _____ Hora _____

Fecha _____

Actividad 5

Vas a oír descripciones de cinco problemas del medio ambiente. Mientras escuchas, mira la siguiente escena y escribe el número del problema en el sitio donde está pasando. Vas a oír cada problema dos veces.

Realidades 3

Capítulo 9

Nombre _____

Hora _____

Fecha _____

WRITING

Actividad 6

A. ¿Qué problemas tiene el medio ambiente? Ordena las letras para formar palabras relacionadas con los problemas del medio ambiente. Usa las letras numeradas para hallar la frase secreta.

EDLERCIDTICA ☐☐☐☐☐☐☐☐☐☐☐☐
    4   14

POEREÓLT ☐☐☐☐☐☐☐☐
   15   2

VERSANROC ☐☐☐☐☐☐☐☐☐
     8

VENNOE ☐☐☐☐☐☐
11

FÁCBRIA ☐☐☐☐☐☐☐
    1 12

AOTAEGRS ☐☐☐☐☐☐☐☐
  7   10

SACZEES ☐☐☐☐☐☐☐
    3

REVGA ☐☐☐☐☐
    13 9

SUORRSEC TEUASNALR ☐☐☐☐☐☐☐☐☐☐ ☐☐☐☐☐☐☐☐☐☐
        5   6

☐☐☐☐☐☐☐☐ ☐☐ ☐☐☐☐☐
1 2 3 4 5 6 7 8   9 10   11 12 13 14 15

B. Ahora, escribe los tres problemas del medio ambiente que más te preocupan y explica por qué.

Problema 1: _____

_____

_____

Problema 2: _____

_____

_____

Problema 3: _____

_____

_____

Actividad 7

¿Qué pasará en el futuro? Para cada uno de los siguientes problemas, escribe un párrafo sobre lo que crees que pasará y cuáles serían las soluciones.

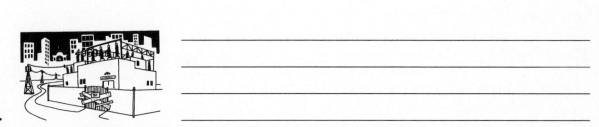

Modelo

Mientras tengamos agua suficiente, todos viviremos tranquilos. Tan pronto como la cantidad de agua para beber comience a disminuir, la forma de vida de la gente cambiará.

1. _____
_____
_____
_____

2. _____
_____
_____
_____

3. _____
_____
_____
_____

4. _____
_____
_____
_____

Actividad 8

Imagina que estás viendo algunas fotos con una amiga. Ella no entiende de qué son las fotos.
Escribe las explicaciones para que tu amiga sepa qué está viendo.

Modelo

Éste es el veneno que encontré   en el jardín hace una semana. Lo que hice fue tirarlo a la basura. No sé quién lo dejó en mi jardín.

1. _____
_____
_____

2. _____
_____
_____

3. _____
_____
_____

4. _____
_____
_____

5. _____
_____
_____

6. _____
_____

Realidades 3

Capítulo 9

Nombre _____

Hora _____

Fecha _____

WRITING

Actividad 9

Te preocupa mucho el medio ambiente y decides escribir un artículo sobre los problemas ambientales para el periódico de la escuela.

A. Lee y contesta las preguntas de abajo.

1. ¿Cuáles son los problemas más graves del medio ambiente?

_____

2. ¿Qué recursos naturales podemos usar?

_____

3. ¿Qué medidas pueden tomar los gobiernos para proteger el medio ambiente?

_____

4. ¿Qué puede hacer la gente para ayudar?

_____

B. Ahora, usa tus respuestas para escribir tu artículo.

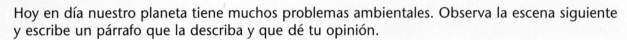

Realidades 3

Capítulo 9

Nombre _____

Fecha _____

Hora _____

WRITING

Actividad 10

Hoy en día nuestro planeta tiene muchos problemas ambientales. Observa la escena siguiente y escribe un párrafo que la describa y que dé tu opinión.

_____

_____

_____

_____

_____

_____

_____

_____

_____

_____

Actividad 11

Contesta las siguientes preguntas usando la expresión entre paréntesis.

1. ¿Qué haces generalmente cuando tienes problemas en la escuela? (a menos que)

_____

_____

_____

2. ¿Cómo ayudarías a dos amigos tuyos que se han peleado? (sin que)

_____

_____

_____

3. Describe qué fiesta le prepararías a un(a) amigo(a) que se va a vivir a otro país. (para que)

_____

_____

_____

4. Si te enteras de una noticia que va a poner triste a un(a) buen(a) amigo(a), ¿se la dirías? (aunque)

_____

_____

_____

5. ¿Cómo evitarías hacer algo que te piden que hagas, pero que no quieres hacer? (con tal de que)

_____

_____

_____

Actividad 12

Imagina que eres un(a) político(a) y participas en una rueda de prensa *(press conference)* sobre los problemas ambientales. Contesta las preguntas de los periodistas usando una de las expresiones del recuadro y tu opinión sobre el tema.

a menos que	con tal (de) que
para que	aunque sin que

1. ¿Qué piensa usted sobre el agujero de la capa de ozono?

    _____

    _____

    _____

2. ¿Qué podemos hacer para proteger las especies en peligro de extinción?

    _____

    _____

    _____

3. ¿Cuál es el futuro de los aerosoles?

    _____

    _____

    _____

4. ¿Cuál es el problema de los derrames de petróleo?

    _____

    _____

    _____

5. ¿Cómo se puede evitar el efecto invernadero?

    _____

    _____

    _____

6. ¿Cómo puede la población tomar conciencia de los problemas ambientales?

    _____

    _____

    _____

Nombre _____

Hora _____

Fecha _____

Actividad 13

A tus amigos y a ti les preocupan los problemas del medio ambiente hoy en día. Quieren hacer una campaña para que la gente tome conciencia de la situación. Diseña un cartel que explique cuáles son los principales problemas ambientales y qué puede hacer la gente para ayudar.

Antes de ver el video

Actividad 14

Ordena los siguientes problemas del **1** al **4**, de acuerdo a la importancia que crees que tienen.

El efecto invernadero _____

El agujero de la capa de ozono _____

La contaminación _____

La escasez de recursos naturales _____

¿Comprendes?

Actividad 15

Lee la lista de aspectos del medio ambiente que se mencionan en el video. Decide a qué lugar(es) pertenece, y escribe cada elemento en la columna correcta.

Los aspectos del medio ambiente: producción de oxígeno, animales marinos, 25 parques nacionales, líder en la preservación de reservas naturales, abundancia de especies, San Ramón, archipiélago volcánico, se limita el número de visitantes, plantas curativas

Aspecto(s) de las selvas tropicales de Costa Rica	Aspecto(s) de las Islas Galápagos de Ecuador	Aspecto(s) de los dos lugares
_____	_____	_____
_____	_____	_____
_____	_____	_____
_____	_____	_____

Realidades 3

Capítulo 9

Nombre _____

Hora _____

Fecha _____

VIDEO

Actividad 16

Lee las siguientes frases y escribe *C* si son ciertas o *F* si son falsas, según el video.

1. La preservación de reservas ayuda a conservar el equilibrio ecológico. _____

2. En Costa Rica hay más de 25 parques nacionales. _____

3. La reserva de San Ramón es también un centro educativo. _____

4. La reserva de San Ramón tiene dos especies de insectos. _____

5. Las Islas Galápagos no tienen tortugas. _____

Y, ¿qué más?

Actividad 17

1. ¿Qué problema de los que has visto en el video te preocupa más?

_____

_____

2. ¿Qué lugares del video te gustaría visitar? ¿Por qué?

_____

_____

3. ¿Conoces algún parque natural cerca de donde tú vives?

_____

_____

4. Escribe un párrafo corto sobre las cosas que podríamos hacer para proteger el medio ambiente.

_____

_____

_____

_____

_____

Realidades 3

Capítulo 10

Nombre _____

Hora _____

Fecha _____

AUDIO

Actividad 1

La Doctora Suárez tiene un programa de radio sobre los problemas de los adolescentes. Primero, lee los nombres y los problemas de los cuatro adolescentes. Luego oirás cinco consejos de la Doctora Suárez. Escribe el número del consejo al lado del nombre del adolescente a quien corresponde. Solamente vas a escribir *cuatro* números. Vas a oír cada consejo dos veces.

Adolescente	Número del consejo
Serafina: Sus padres no la respetan.	
Javier: Un amigo sufre de abusos.	
Enrique: No le gusta el código de vestimenta.	
Beatriz: Siente que no tiene tiempo libre.	

Actividad 2

Vas a oír un resumen de las decisiones de la última reunión del consejo estudiantil del Colegio Central. Mientras escuchas, escribe el número de la decisión al lado del tema correspondiente. Hay sólo un tema por decisión, pero no oirás decisiones para todos los temas. Vas a oír cada decisión dos veces.

_____ el código de vestimenta

_____ la pobreza en la comunidad

_____ las obligaciones del consejo estudiantil

_____ la tolerancia en el colegio

_____ las leyes del gobierno estudiantil

_____ la fecha de las elecciones estudiantiles

_____ los deberes de las autoridades

_____ el apoyo para los proyectos voluntarios

Realidades 3

Capítulo 10

Nombre _____

Fecha _____

Hora _____

AUDIO

Actividad 3

Vas a oír los comentarios de cuatro personas de la escena del dibujo. Mientras escuchas, escribe el número de la persona que habla al lado de la persona correspondiente del dibujo. Vas a oír cada comentario dos veces.

Realidades 3

Capítulo 10

Nombre

Fecha

Hora

AUDIO

Actividad 4

Escucha los comentarios de tres personas que acaban de participar en un juicio muy dramático. Primero lee la lista de conclusiones (*conclusions*). Luego, mientras escuchas, escribe el número de la persona que habla al lado de la conclusión que mejor se corresponda con lo que esta persona dice. No todas las conclusiones se usan. Vas a oír cada comentario dos veces.

Comentarios posibles:

_____ "Habría sido mejor no detenerlo".

_____ "Habría sido mejor buscar más pruebas antes del juicio".

_____ "Habría sido mejor que fuera inocenté".

_____ "Habría sido mejor hablar con la prensa antes".

Actividad 5

Estás escuchando la radio. Mientras cambias de estación, oyes cuatro noticias sobre unos eventos recientes. Primero, mira la primera página de los siguientes periódicos. Luego, mientras escuchas, escribe el número de la noticia al lado de la página del periódico que mejor corresponda. Solamente vas a escribir *cuatro* números. Vas a oír cada noticia dos veces.

Realidades 3

Capítulo 10

Nombre _____

Hora _____

Fecha _____

WRITING

Actividad 6

Estás preparando un artículo sobre derechos y responsabilidades de los jóvenes para el periódico de tu escuela. Vas a ilustrar tu artículo con algunas fotos. Mira las fotos de abajo y escribe un pie de foto *(caption)* para cada una.

Nombre _____ Hora _____

Fecha _____

WRITING

Actividad 7

Imagina que eres un(a) reportero(a) de radio. Observa la escena de abajo y describe lo que ves.

| Modelo | *El discurso fue leído por el presidente.* |

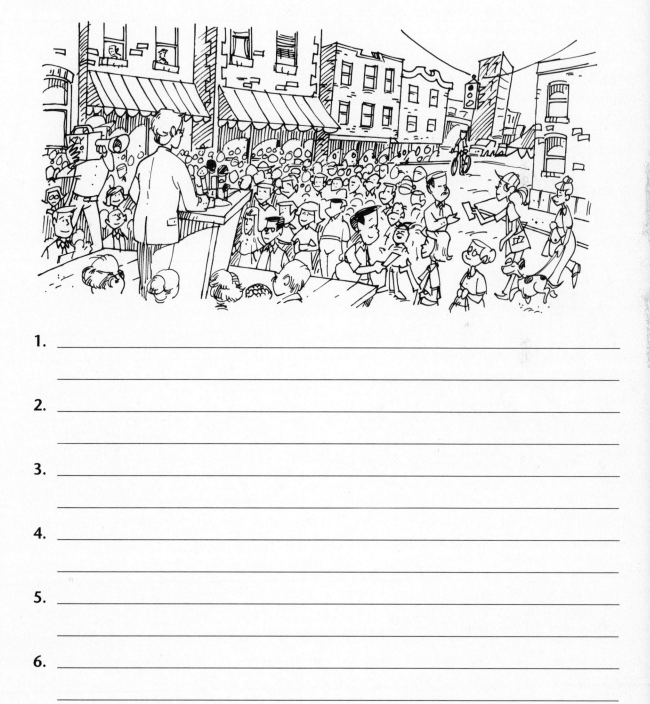

1. _____

_____

2. _____

_____

3. _____

_____

4. _____

_____

5. _____

_____

6. _____

_____

Realidades 3

Capítulo 10

Nombre _____

Hora _____

Fecha _____

WRITING

Actividad 8

¿Qué consejos te dan tus padres? ¿Qué consejos se les dieron a ellos? Contesta las siguientes preguntas.

Modelo   ¿Qué te dice tu madre?
Mi madre me dice que respete a los demás.

1. ¿Qué le aconsejó tu abuelo a tu padre?

_____

2. ¿Qué esperaba tu abuela de tu madre?

_____

3. ¿Qué les gustaría a tus padres?

_____

4. ¿Qué le exigían los profesores a tu madre?

_____

5. ¿Qué te exige tu profesor a ti?

_____

6. ¿Qué le dices tú a tu hermano(a) menor?

_____

7. ¿Cuándo hay que aplicar las leyes?

_____

8. ¿Qué esperas para tu futuro?

_____

Actividad 9

¿Cuáles son tus derechos como estudiante y como ciudadano(a)? Prepara un cartel para el salón de clases. Escribe qué derechos tienes. Usa palabras y expresiones del recuadro.

igualdad **maltrato** respeto *deber*

enseñanza *felicidad* POBREZA *tolerancia*

gozar *obligar* funcionar *establecer* **maltratar**

libertad discriminar tratar **aplicar** votar

Mis derechos

_____

_____

_____

_____

_____

_____

_____

_____

_____

_____

_____

_____

_____

Actividad 10

¿Qué derechos garantiza el gobierno? Busca palabras relacionadas con este tema en la sopa de letras.

1. Una persona que no tiene la culpa se dice que es _____.

2. Cuando no hay trabajo, hay _____.

3. En un país _____ todas las personas tienen derecho a votar.

4. Después del juicio, la persona _____ fue a la cárcel.

5. Cuando los periódicos pueden decir lo que quieran, hay libertad de _____.

6. En un juicio, al grupo de gente que decide la situación de un acusado se le llama

   _____.

7. Una persona que vio un crimen puede ser _____ en un juicio.

8. Cuando algo afecta a toda la Tierra, se dice que es un problema _____.

9. En un _____ se decide si alguien es culpable o inocente.

```
K M W C O C T R C R Y P J F Q
C P N S Z V U E T Y B H Y D E
M C K L X H U L S Q J M Z A V
N E S J Q N L A P T X Á S D D
H J W T V K J Y U A I L Y L E
I N O C E N T E A T B G O Á S
J U I C I O W I F H E L O U E
D E M O C R Á T I C O R E G M
E S Z X F I O L M D G L P I P
O O F B T D H P J U H S B F L
N T B S A X M R L D N S K R E
C N U R D T B E O N P D P S O
F D U J Z E B N C O Á A I H E
U J K Q I B T S H Q Z Z K A T
D A H Y Y R D A S F K U G Q L
```

Realidades ③

Capítulo 10

Nombre _____

Fecha _____

Hora _____

WRITING

Actividad 11

Has sido testigo de este accidente y ahora tienes que responder a las preguntas del abogado. Mira el dibujo del accidente. Luego, lee las preguntas y escribe una frase con tu respuesta.

| Modelo | ¿Qué esperaba que hubiera pasado? |

Esperaba que el coche hubiera parado en el semáforo.
_____

1. ¿Qué te sorprendió?

   _____

2. ¿Qué había querido hacer el conductor del coche?

   _____

3. ¿Qué dijo el policía?

   _____

4. ¿Cómo se comportó el taxista?

   _____

5. ¿Qué esperaba el conductor del camión?

   _____

6. ¿De qué dudabas tú?

   _____

7. ¿Qué creían los otros testigos?

   _____

8. ¿Por qué se enojó el taxista?

   _____

Realidades 3

Capítulo 10

Nombre

Fecha

Hora

WRITING

Actividad 12

Piensa en varios problemas y situaciones difíciles que hayas tenido en el pasado y cómo los resolviste. Escribe frases que digan qué habría pasado si los hubieras resuelto de otra forma. Si quieres, puedes inventar los problemas y las situaciones.

| Modelo | *Si hubiera sabido que el examen era tan difícil, no habría ido a jugar al fútbol el fin de semana.* |

1. _____

2. _____

3. _____

4. _____

5. _____

6. _____

7. _____

8. _____

Nombre _____ Hora _____

Fecha _____ **WRITING**

Actividad 13

Imagina que eres el (la) guionista *(screenwriter)* de una película. Mira la ilustración del juicio. Piensa en lo que pasa en esta escena. Imagina lo que piensan y dicen los personajes. ¿Cuál será el resultado del juicio? Ahora escribe tu escena.

Escena 5

El juicio

_____

_____

_____

_____

_____

_____

_____

_____

_____

_____

_____

_____

_____

_____

_____

_____

Realidades 3

Capítulo 10

Nombre _____

Hora _____

Fecha _____

VIDEO

Actividad 14

En los Estados Unidos existen muchas organizaciones que tienen el propósito de mejorar la comunidad. Menciona una organización comunitaria que conoces que beneficia a cada grupo de individuos.

1. los niños _____

2. las familias sin hogar _____

3. los acusados _____

4. los recién llegados _____

Actividad 15

En este segmento conociste la organización comunitaria OÍSTE. Escribe lo que aprendiste sobre los siguientes aspectos de esta organización.

1. ¿Cómo le enseña al público latinoamericano sobre la acción política?

_____

_____

2. ¿Qué hace OÍSTE para educar a los latinos para que aprendan sobre sus derechos civiles y participen en su comunidad?

_____

_____

3. ¿Para qué participa OÍSTE en los festivales de las comunidades latinoamericanas?

_____

_____

_____

Realidades 3

Capítulo 10

Nombre _____

Hora _____

Fecha _____

VIDEO

Actividad 16

Escoge la respuesta correcta, según la información del video.

1. Todos los ciudadanos de los Estados Unidos tienen derecho de participar en
- **a.** entrenamientos gratuitos.
- **b.** el proceso democrático.

2. Entre los diversos grupos étnicos que se encuentran en los Estados Unidos, las comunidades latinas forman
- **a.** gran proporción de la población.
- **b.** 75% de los ciudadanos.

3. La organización comunitaria OÍSTE
- **a.** ayuda en las campañas políticas.
- **b.** ofrece bailes y conciertos gratuitos.

4. OÍSTE les permite la oportunidad de trabajar como voluntario a los
- **a.** individuos desempleados.
- **b.** jóvenes de la secundaria y estudiantes universitarios.

5. OÍSTE participa en festivales de la comunidad para
- **a.** repartir información sobre cómo trabaja con la comunidad.
- **b.** disfrutar del ambiente latino.

Actividad 17

En tu opinión, ¿qué responsabilidades tiene cada grupo de educar a los ciudadanos sobre sus derechos y deberes?

1. la prensa

_____

_____

2. las escuelas

_____

_____

3. la televisión

_____

_____

4. el gobierno

_____

_____

5. las organizaciones comunitarias

_____

_____